[ÉDITORIAL]

W0373065

Suivre l'étoile

KAREM BUSTICA
rédactrice en chef
de *Prions en Église*

Et si, en attendant Noël, nous vivions des déplacements comme les mages qui suivent l'étoile ? Des déplacements qui provoquent l'accueil, par exemple pour la famille Mahé. L'année dernière, au mois de février, ce couple et ses trois enfants ont ouvert leur maison à Nadiia et Diana, deux réfugiées ukrainiennes. Le témoignage de cette désormais « véritable famille » – selon les mots de Nadiia – ressemble à un vrai conte de Noël. L'impensable devient réalité.

Des déplacements qui amorcent une transformation personnelle. Autre famille, les Mourgues, nous font part du déplacement qu'ont signifié pour eux les quatre années d'expatriation au Brésil. Parents et enfants se souviennent de leur séjour avec beaucoup de bonheur, sans omettre les difficultés rencontrées sur place. Rien ne pourra ternir la richesse d'avoir approché une autre culture, même si le retour en France demande un peu plus d'énergie que prévu.

Des déplacements qui engendrent une création nouvelle. Oui, « tout grand voyage est aussi un grand retour », nous confie l'écrivain Pierre Adrian. Puisque mêlé à tout ce qui naît, vit et se dévoile lorsque l'on part, il y a ce qui meurt, se transforme et laisse la place à ce qui attend de pouvoir surgir. « Il m'aura fallu partir pour redevenir fécond », relit Pierre.

Et, là, le déplacement rejoint le mystère de la Résurrection. De la crèche au tombeau vide ! Joyeux Noël !

« C'est comme un homme parti en voyage »

Marc 13, 34

© Anton Petrus/Getty Images

L'Évangile du premier dimanche de l'Avent

LIRE

ÉVANGILE DE JÉSUS CHRIST SELON SAINT MARC 13, 33-37

« C'est comme un homme parti en voyage »

En ce temps-là, Jésus disait à ses disciples : « Prenez garde, restez éveillés : car vous ne savez pas quand ce sera le moment. C'est comme un homme parti en voyage : en quittant sa maison, il a donné tout pouvoir à ses serviteurs, fixé à chacun son travail, et demandé au portier de veiller. Veillez donc, car vous ne savez pas quand vient le maître de la maison, le soir ou à minuit, au chant du coq ou le matin ; s'il arrive à l'improviste, il ne faudrait pas qu'il vous trouve endormis. Ce que je vous dis là, je le dis à tous : Veillez ! »

L'ÉTOILE DE L'AVENT

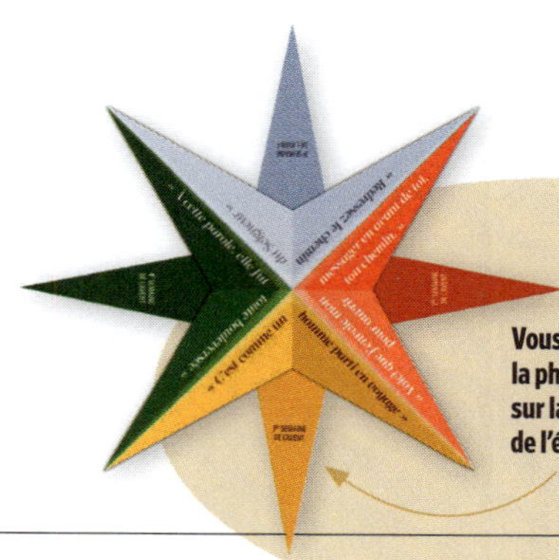

Vous pouvez méditer la phrase inscrite sur la première branche de l'étoile de l'Avent.

VOIR PAGE 82

La part d'inconnu de Dieu

APPROFONDIR

Si l'évangile nous présente la venue du Christ en gloire comme une certitude, il reste une zone d'ombre sur le « quand » et le « comment » de cette venue. Nous pouvons la désirer ou la redouter. Quoi qu'il en soit, ce regard porté sur « Celui qui vient », loin de nous détourner de notre présent, nous invite à l'habiter pleinement.

LE TEMPS DE LA PRÉPARATION

« *Vers toi, Seigneur,*
j'élève mon âme. »
(Psaume 24, 2)

LE TEMPS DE L'OBSERVATION

Les versets de l'évangile, en fin du chapitre 13 de Marc, offrent un contraste significatif avec ce qui précède où il est question de guerres, de persécutions, de profanation du Temple. Ici, le registre est autre. Il ne s'apparente plus à celui d'un discours apocalyptique, mais à un propos prophétique. Les phénomènes extérieurs, qui pouvaient fournir des repères sur le moment de la venue du Christ, ont laissé la place à une attitude du cœur à cultiver ici et maintenant – à savoir la vigilance. Il s'agit d'épouser la veille du portier en ce temps de l'Église où le Christ nous demeure invisible. Sachant que celle-ci est un éveil du cœur, à l'opposé du sommeil « qui suscite ces rêves illusoires que sont les grandeurs, les richesses […], l'orgueil, la magie des plaisirs, l'amour de la gloire […], l'ambition » (Grégoire de Nysse, *Homélies sur le Cantique des Cantiques* 11, 1, trad. M. Canévet). Car être éveillés, c'est vivre pleinement l'aujourd'hui de Dieu à la lumière de sa parole qui illumine et nous permet de reconnaître ses visites dans notre quotidien.

LE TEMPS DE LA MÉDITATION

Qu'est-ce qui peut nous tenir en éveil, prêts à la rencontre, sinon le désir de celle-ci ? Un désir à demander ou à ranimer : « Mon âme, la nuit, te désire, et mon esprit, au fond de moi, te guette dès l'aurore » (Is 26, 9). La prière est traditionnellement liée à la veille. « Veillez et priez » est l'une des dernières exhortations de Jésus à ses disciples au jardin de Gethsémani. Une prière qui ne relève pas de l'évasion à un moment difficile de leur histoire, mais qui suppose de s'y confronter sous le regard de Dieu. Pour qu'en cette nuit du monde l'attente ne soit pas vide mais pleine, le souvenir de Dieu et de ses merveilles n'est-il pas le meilleur chemin ? « La nuit, je me rappelle ton nom » (Ps 118, 55). Un souvenir qu'il s'agit de garder au cœur même de ce « travail » que le Maître de maison a fixé à ses serviteurs que nous sommes, comme de faire fructifier la Création et nos talents.

LE TEMPS DE LA PRIÈRE

« *Seigneur […], de toi seul*
nous faisons mémoire. »
(Isaïe 26, 13)

Emmanuelle Billoteau, ermite

VOYAGES

Rêver

Rêver c'est toujours partir vers des contrées lointaines, là où les frontières de la réalité se déchaînent, vers des terres inexplorées. Parfois, les rêves sont doux et caressants, comme une brise légère, un baiser enivrant. D'autres fois, ils se révèlent sombres et profonds, ils défient mes craintes, mais ils me guident vers l'éveil au bout du sommeil.

« Voici que l'ange du Seigneur apparaît en songe à Joseph et lui dit : "Lève-toi; prends l'enfant et sa mère, et fuis en Égypte. Reste là-bas jusqu'à ce que je t'avertisse." » (Matthieu 2, 13)

Famille Mourgues

« Partir était notre projet familial »

Marie, Jean-Gabriel et leurs trois enfants, Bérénice, Théophile et Basile, sont partis vivre et travailler à Sao Paulo, au Brésil. Ils y sont restés quatre ans et sont revenus en France avec un petit dernier, Joseph. Les yeux encore remplis d'étoiles, ils témoignent de cette expatriation en famille comme d'une aventure qui les a tous profondément marqués.

Qu'est-ce qui vous a décidés à partir, si loin de vos bases, avec trois petits enfants ?

Jean-Gabriel : Avec Marie, nous envisagions depuis longtemps un moment à l'étranger, ensemble avec les enfants. Cela faisait partie de notre projet familial. Mais les années passaient et rien ne se présentait. L'été 2017, je savais que j'allais devoir changer de job alors que Marie, de son côté, en avait un nouveau. Bérénice allait avoir 10 ans. Une date charnière. Nous avons pris le temps d'en parler, et Marie a décidé de lâcher son job et m'a encouragé à trouver un poste à l'étranger. Même au prix d'un compromis, nous devions le faire.

Marie : En effet, ce fut au prix d'un vrai renoncement. Mais j'étais convaincue que ce serait le moment où nous allions créer notre propre famille, couper les liens, sortir de notre zone de confort. Nous en avions besoin. Et c'était aussi pour nous un moment où nous pourrions voir nos enfants grandir. Le Brésil s'est présenté, nous avons fait confiance et on s'est abandonnés.

Comment s'est passée votre arrivée au Brésil ?

Marie : Assez violemment. Quand, le 3 août 2018, les enfants ont fait leur rentrée des classes au lycée Pasteur de Sao Paulo, que je me suis retrouvée sous la pluie, dans un appart-hôtel, avec nos valises, je me suis quand même demandé ce que je faisais là ! Du jour au lendemain, on se retrouve la tête à l'envers. Je n'avais pas de boulot, tout était nouveau. Il a fallu à chacun du temps pour absorber le changement.

Jean-Gabriel : Pour moi aussi c'était un grand changement. Il a fallu apprendre rapidement le portugais. Tout était différent : l'environnement, les habitudes, les méthodes de travail. Mais je me suis •••

[RENCONTRER]

© Sabrina Mariez

© Sabrina Mariez

Bérénice avec un « cavaquinho » (petite guitare d'origine portugaise), Joseph au tambourin, Théophile au piano et Basile aux percussions.

••• rendu compte que ce projet était profondément ancré dans nos souhaits. On a croqué dedans à pleines dents.

Cela s'est-il arrangé par la suite ?

Marie : Oui. J'ai choisi de transformer cette aventure en quelque chose de beau. Après une période de flottement, je me suis rapprochée de la paroisse. J'avais le désir d'un engagement lié à la réalité économique de ce pays où règnent une grande inégalité et une grande pauvreté et dont la moyenne d'âge est de 39 ans. Je me suis investie bénévolement dans une ONG qui œuvre dans une favela et cela m'a beaucoup nourrie. J'ai animé des ateliers d'art dans une structure pour les enfants de la favela, j'ai levé des fonds. J'ai fait des choses passionnantes qui m'ont fait rencontrer une multitude de personnes étonnantes. Et puis Joseph est arrivé !

Jean-Gabriel : Je considère que cela a été la période la plus heureuse de ma vie. Le Brésil s'est présenté par hasard, mais vivre à 10 000 kilomètres de chez soi, dans un pays qui n'est pas le sien, où tout est différent reste une expérience fascinante. Ce fut un grand plaisir de voir nos enfants prendre goût à visiter ce pays que nous avons largement sillonné. Ensemble, nous nous sommes émerveillés des paysages brésiliens.

Vous êtes revenus depuis un an. Cette décision était-elle difficile à prendre ?

Marie : Nous avons voulu retrouver la France, après quelques hésitations. J'avais 42 ans et il fallait que je retourne sur le marché du travail. J'ai appuyé sur le bouton du retour.

Jean-Gabriel : Pour moi ce fut plus difficile. Nous en avons bien discuté et nous sommes tombés d'accord sur les raisons qui nous poussaient à rentrer.

Quels souvenirs gardez-vous de ces quatre années loin de votre famille, de vos amis ?

Jean-Gabriel : Le souvenir de l'intensité et la rapidité des relations que nous avons

Bérénice, 14 ans

Ces quatre années au Brésil nous ont donné une grande facilité d'adaptation. Nous nous en sommes aperçus en revenant en France. Le retour se passe bien. Nous avons tous acquis de l'aisance dans l'apprentissage des langues. Devoir apprendre rapidement le portugais me permet d'apprendre l'espagnol et l'anglais. Ce fut aussi une belle ouverture sur d'autres cultures.
On a découvert des petits villages qui vivent dans un monde parallèle, au fin fond de la forêt amazonienne. Cela nous a donné le goût des voyages.

nouées. La légèreté de la vie. Et nous nous sommes passionnés pour la musique brésilienne, qui a porté nos années là-bas. J'ai de la nostalgie. Je ne regrette pas d'être rentré mais je suis triste que ce soit terminé. On porte le Brésil dans nos cœurs.

Marie : Nous sommes tous encore imprégnés de cette aventure. D'ailleurs nous ne nous sentons pas tout à fait rentrés, et cette période de transition demande beaucoup d'énergie. Le Brésil nous correspondait bien. Il y règne une véritable allégresse. Nous gardons une « nostalgie heureuse », la « saudade » de ce pays, comme le disent les Brésiliens. ■

Propos recueillis par Sophie de Villeneuve

© Sabrina Mariez

POUR ALLER PLUS LOIN

Ai-je déjà eu envie de voyage ? Pourquoi y ai-je répondu ?
Qu'est-ce que je retiens de mes voyages ?
Qu'ai-je appris sur les autres et sur moi-même ?

Théophile, 12 ans

J'étais tellement content de voyager. Nous avons visité la plupart des régions du Brésil, nous avons aussi été au Pérou, en Bolivie, en Argentine. Nous avons vu des gens qui vivent de si peu. Et puis, on s'est fait plein d'amis. Nous avons créé des liens très forts. Nous n'étions pas enfermés, comme ici en France, dans un cercle restreint.

Trois petits paquets faciles à réaliser

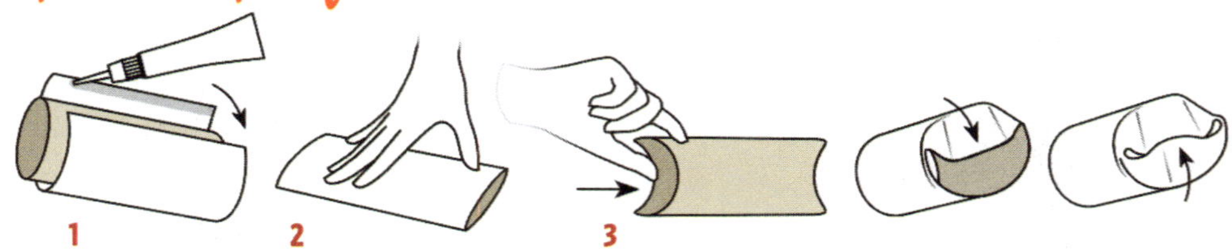

1. Prenez un rouleau de papier toilette et collez un joli papier autour du tube.
2. Écrasez le tube.
3. De chaque côté, rabattez les extrémités vers l'intérieur. Améliorez l'arrondi ainsi créé.

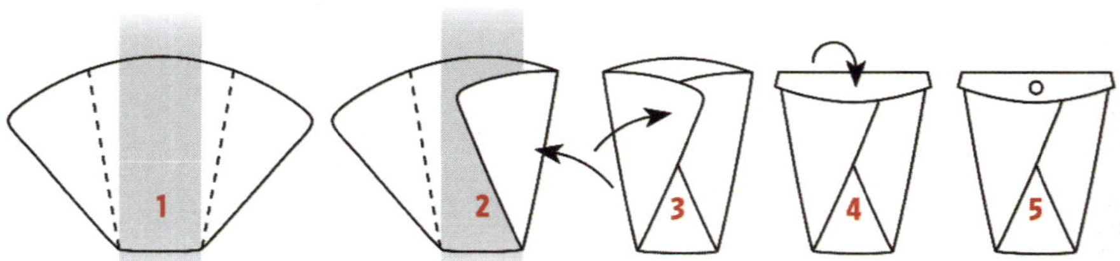

En p.15 les vignettes des dates

À partir d'un filtre à café neuf

1. Repérez vos axes de pliage pour créer une jolie forme.
2. Pliez le côté droit vers le centre.
3. Faites de même à gauche.
4. Rabattez le haut.
5. Fermez en collant une vignette de date.

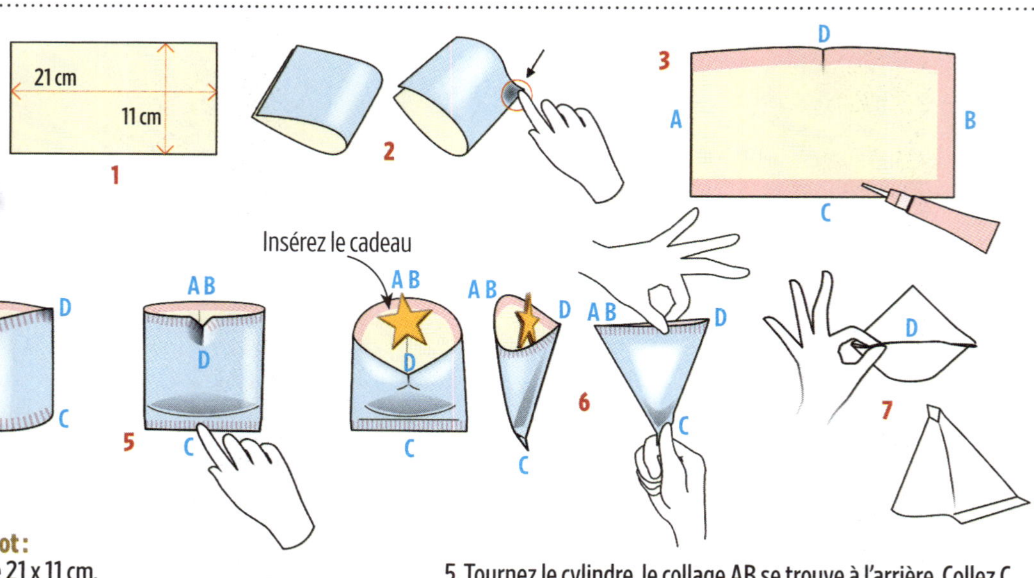

Pour faire un berlingot :

1. Coupez un papier de 21 x 11 cm.
2. Pliez-le en deux sans marquer le pli, pincez seulement un angle.
3. Rouvrez et appliquez la colle selon le schéma.
4. Collez B par-dessus A.
5. Tournez le cylindre, le collage AB se trouve à l'arrière. Collez C.
6. Insérez le cadeau à l'intérieur puis maintenez de la main droite le bas du berlingot (côté C) et pincez de la main gauche le côté D.
7. Écrasez bien pour coller D et fermer le berlingot.

Stylisme : Béatrice Basteau. Photo : Corinne Simon

Un calendrier de l'Avent plein de surprises

Choisir des petits objets faits maison, spirituels ou naturels. Les emballer et les suspendre au bout d'un fil... Voici un calendrier de l'Avent original à offrir ou à partager en famille !

Plein d'idées de surprises !

Les faits maison

Récupérer des boîtes d'allumettes pour faire un petit lit de poupée ou une saynète en relief...

Des boucles d'oreilles en origami.

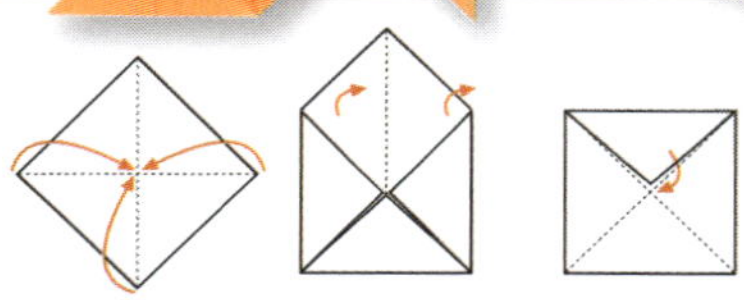

Avec un papier carré de 4 cm, plier 3 pointes vers le centre. Plier la 4e à l'arrière .

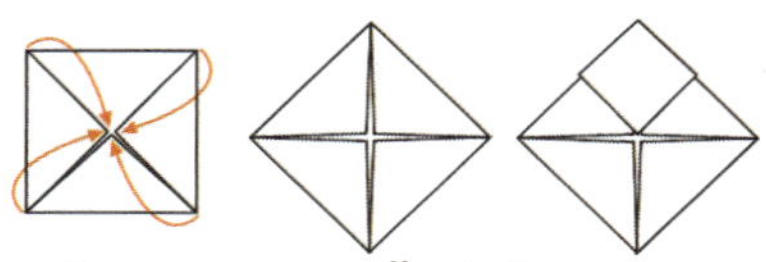

Au recto, recommencer l'opération pour les 4 nouvelles pointes. Retourner.

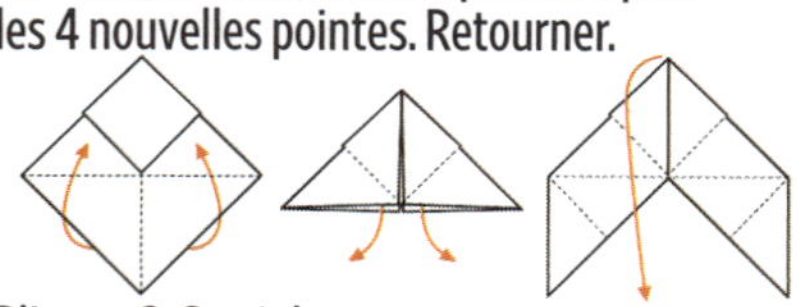

Plier en 2. Sortir les pattes. Abaisser la pointe supérieure.

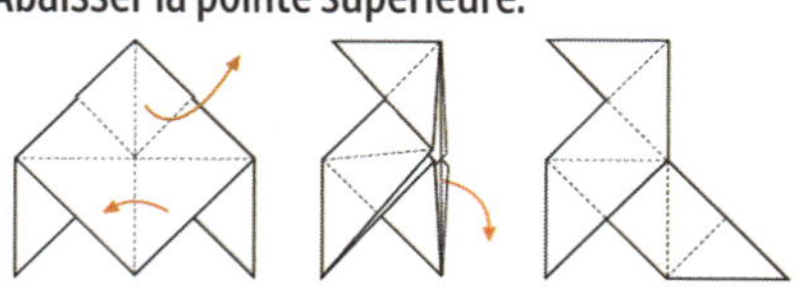

Plier de la droite vers la gauche en écartant le carré du haut. Sortir la queue de la cocotte. Fixer l'attache en faisant un trou au niveau de son œil à l'aide d'une perforeuse.

Des étiquettes cadeaux avec de la ficelle, des perles et des papiers de couleur.

Avec des photos Suivre le schéma ci-dessous. Coller des photos sur chaque face. Plier et coller les pattes vers l'intérieur.

Des petites pommes de pin peintes en doré pour décorer un petit sapin.

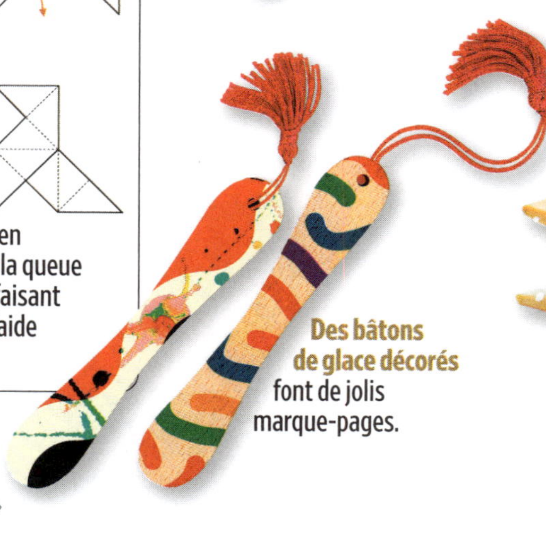

Des bâtons de glace décorés font de jolis marque-pages.

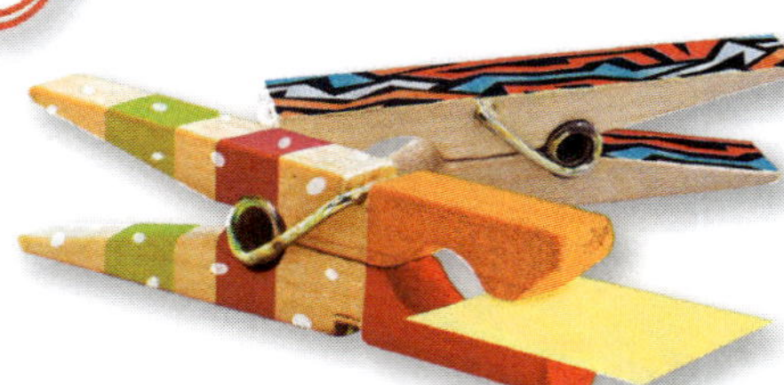

Peindre des pinces à linge pour penser à tout !

Stylisme et photos : Béatrice Basteau.

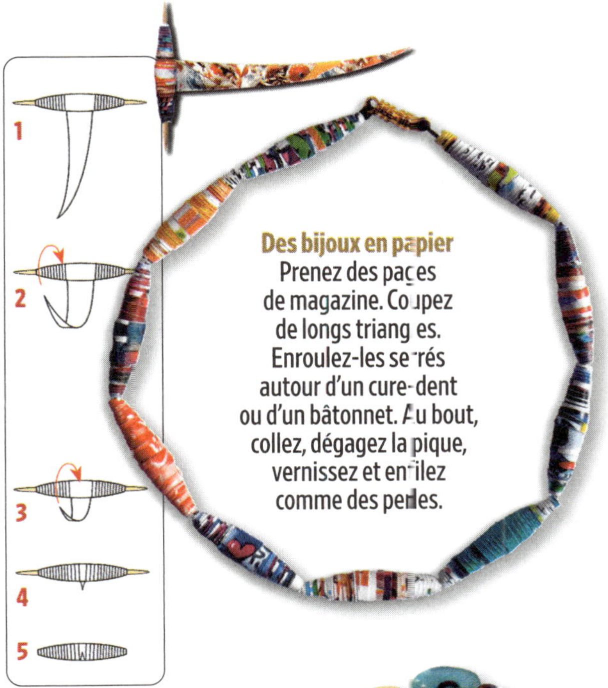

Des bijoux en papier
Prenez des pages de magazine. Coupez de longs triangles. Enroulez-les serrés autour d'un cure-dent ou d'un bâtonnet. Au bout, collez, dégagez la pique, vernissez et enfilez comme des perles.

Un bracelet de boutons

Un porte-clé fait d'une perle et de boulons...

Des cartes à offrir en peignant les petits pieds de votre nouveau-né avec de la gouache.

Les naturels

Cueillez de la lavande, faites-la sécher pour ensuite coudre des petits sachets de tissu pour parfumer le linge.

Offrez des bulbes de jacinthes placés dans des petits paniers ou pots en terre.

De la badiane et de la cannelle pour préparer des recettes réconfortantes.

Des graines d'anis pour agrémenter les plats ou les tisanes.

Des grains de café pour les amateurs de caféine.

Des gousses de vanille pour parfumer des gâteaux ou du sucre en poudre.

Du thé ou de la tisane à offrir dans un joli bocal en verre ornementé d'un ruban ou de raphia.

Des savons naturels confectionnés à partir de kits vendus en magasin bio ou de loisirs créatifs.

Des graines à semer, à offrir dans des petites enveloppes en papier décorées.

Les spirituels

Des bougies à la cire d'abeilles
à offrir pour décorer, créer une ambiance ou un coin prière.
www.artisanatmonastique.com

Fève « Enfant Jésus »
à cacher dans vos galettes et brioches des rois.
Dimension : 1,5 cm.
www.cathoretro.com

Des décorations de Noël « étoile » en crochet
à accrocher dans le sapin ! Fabriquées par les clarisses de Paray-le-Monial. Plusieurs modèles et coloris.
www.artisanatmonastique.com

Un emporte-pièce « étoile filante »
pour réaliser de jolis biscuits de Noël.
Dimension : 5 cm.
www.cathoretro.com

Décoboule « Sainte Famille »
à accrocher dans le sapin pour les fêtes de Noël.
Dimensions : 7,5 x 7,5 cm.
Produit créé par les Bénédictines de Venière.
www.artisanatmonastique.com

Un bracelet ruban brodé « Suivre l'étoile »
Joli bracelet bordeaux et brillant à nouer.
Diamètre 1 cm, longueur 30 cm.
www.cathoretro.com

Un dizainier en bois
L'accessoire de foi discret et moderne, à porter tous les jours ou lors d'un pèlerinage. Cordon élastique.
www.cathoretro.com

Des tatouages de Noël dorés éphémères
Ces tatouages durent entre 2 et 5 jours, parfaits pour Noël ! Planche de tatouages de 10 x 15 cm.
www.cathoretro.com

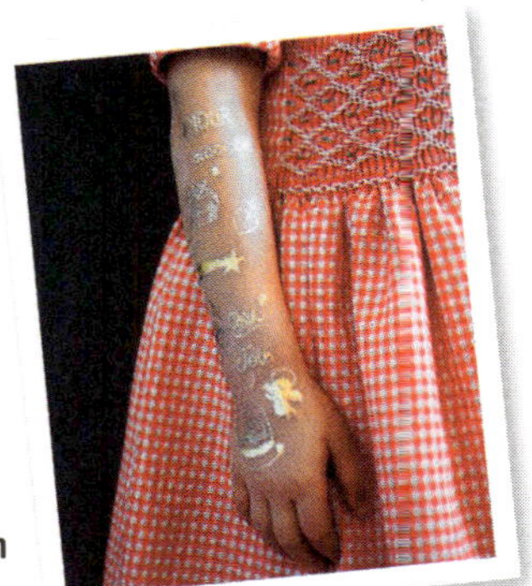

Faites des « bons pour... »
chanter ensemble, partir en pèlerinage, accomplir une action solidaire ensemble...

Écrivez des poèmes, des prières...
sur des beaux papiers, roulés et entourés d'une ficelle ou glissés dans de belles enveloppes colorées...

Photos : AdobeStock / CathoRetro/Monastic

[TEST]

Sur le chemin de Noël, quel marcheur êtes-vous ?

Le chemin vers Noël avec les quatre semaines de l'Avent peut passer trop vite pour certains ou paraître long pour d'autres. Avec ce test, balisez votre chemin vers la Nativité et avancez avec légèreté !

J-30 avant Noël

Je fais une liste pour baliser mon chemin jusqu'à Noël et ne rien oublier .... 🎄

Je fais un sondage : qui sera là à Noël ? .... 🎁

Je ne prépare rien, c'est encore trop tôt ! .... ★

J-25 avant Noël

C'est bientôt le 1er dimanche de l'Avent : je fais la crèche ! .... ❄

Pour dimanche prochain ? Comme d'habitude, je prépare une rando avec des amis .... 🎁

Les enfants viennent déjeuner dimanche. Nous irons nous balader, comme chaque semaine .... ★

J-20 avant Noël

Comme tous les mercredis, je tiens ma permanence « café solidaire » .... 🎁

Comme tous les mercredis, je vais marcher une heure avec ma voisine .... 🎄

Comme tous les mercredis, il y a les enfants : nous préparons des gâteaux à la cannelle .... ❄

J-15 avant Noël

Je prends les transports en commun pour aller chercher des cadeaux chez les commerçants du coin .... 🎁

Obligé de prendre la voiture ! J'ai bien besoin du coffre pour tout rapporter à la maison ! .... 🎄

Une seule option : la livraison ! .... ❄

J-7 avant Noël

J'écris et envoie des cartes de Noël à mes amis .... 🎁
Je récupère et recycle pour décorer la tablée de Noël .... 🌲
Je profite du week-end pour souffler avant l'arrivée de la famille .... ★

J-5 avant Noël

Je vais vivre le sacrement de réconciliation .... 🌲
J'invite mon curé pour le déjeuner de Noël .... 🎁
Tout est enfin prêt pour mon séjour à la neige .... ★

La veille

Je prends du temps pour me recueillir et pour prier .... 🌲
J'imagine la tête des plus jeunes lorsqu'ils ouvriront leurs cadeaux .... ★
Je gère les imprévus et les achats de dernière minute .... ❄

Le jour « J »

Je vais à la messe célébrer la naissance de Jésus .... ❄
Je participe au réveillon des personnes de la rue .... 🎁
Je suis heureux avec ceux qui sont là, je me souviens de ceux qui nous ont quittés .... 🌲

La messe de Noël

J'organise le covoiturage .... 🎁
Toujours avec mon *Prions en Église !* .... ❄
J'arrive en retard : il n'y a plus de place ! .... ★

La table de Noël

Les plus jeunes chantent un bénédicité .... ❄
Il y a toujours « l'assiette du pauvre » .... 🌲
J'espère qu'il y aura une bonne ambiance .... ★

Le menu de Noël

Je compte sur le mythique foie gras de mon beau-frère .... ★
Cette année, nous introduisons une alternative végane au déjeuner de Noël .... 🌲
Le menu est bon, simple et vite fait : on a un train à prendre ! .... ❄

Les cadeaux de Noël

J'apprécie particulièrement les « faits maison » de mes petits-enfants .... ★
Nous nous sommes concertés : ils sont issus du commerce équitable .... 🎁
Quelle importance ? Nous sommes tous là, heureux de nous retrouver ! .... ❄

Dessins : © Robin

[RÉSULTATS DU TEST]

Les résultats vous orientent vers un type de marcheur ainsi que vers une prière à vous approprier tout au long de l'Avent.

1. Vous avez une majorité de ❄

VOUS ÊTES UN PÈLERIN

Vous préférez vous débarrasser du superflu pour aller à l'essentiel. La marche est pour vous un moment d'abandon et de liberté.

Votre prière

Seigneur, aide-moi à distinguer l'essentiel de l'accessoire. Ouvre mon cœur à ta parole pour que je ne cesse de l'approfondir et de l'annoncer.

Pour vous, notre coup de cœur

Les méditations des dimanches, p. 7, 27, 45, 63 et 77.

2. Vous avez une majorité de ★

VOUS AIMEZ PRENDRE VOTRE TEMPS

Vous contemplez tout ce qui accompagne votre route et cela vous transporte au-delà des frontières, là où votre âme s'emporte.

Votre prière

Seigneur, avec les anges, je te loue aujourd'hui : « Gloire à Dieu au plus haut des cieux, et paix sur la terre aux hommes qu'il aime. »

Pour vous, notre coup de cœur

Les photos sur les doubles pages d'ouverture des semaines, p. 4, 24, 42, 60 et 74.

3. Vous avez une majorité de 🎁

VOUS NE MARCHEZ JAMAIS SEUL

Sans compagnon pour partager, le chemin n'est pas le même. Vous aimez rencontrer et donner de votre temps aux autres.

Votre prière

Seigneur, donne-moi le courage d'ouvrir des chemins de paix afin de t'y rencontrer et d'entrer avec toi dans ton royaume.

Pour vous, notre coup de cœur

Le reportage sur une famille ukrainienne en France, p. 64.

4. Vous avez une majorité de 🌲

VOUS ÊTES UN MARCHEUR DISCRET

Vous n'aimez pas faire de bruit et vous faites attention aux autres. Sur la route, vous respectez les priorités.

Votre prière

Seigneur, Fils de Dieu, je te rends grâce de m'accueillir comme je suis, prends pitié de moi. Amen.

Pour vous, notre coup de cœur

Le conte de Noël, p. 35.

© Christophe Hargoues/Secours Catholique

Joies partagées sur le chemin de Noël

Donner un peu de son temps aux autres est une forme de voyage. Voici des idées d'initiatives solidaires pour vivre l'Avent et Noël dans la prière, le partage, la paix, et les rencontres.

Des idées solidaires

Parce que les chemins vers Noël se font aussi ensemble, sans aller trop loin de chez soi...

© M. Ribier /SGDF

Lumière de la paix de Bethléem

Allumée dans la basilique de la Nativité à Bethléem, la lumière est rapportée en Autriche, puis transmise partout en Europe pendant l'Avent. Distribuée en France par les scouts et les éclaireurs, elle constitue un symbole de paix, que l'on peut diffuser, recevoir ou encore envoyer à un proche.

EN RÉGION

À SAINT-ÉTIENNE (42)

Le Foyer Revivre organise un repas de Noël pour les « passagers » en détresse. Tout au long de l'année, l'association a besoin de dons (vestimentaires) ou de nouveaux bénévoles pour apporter écoute et réconfort.
diocese-saintetienne.fr
04 77 21 12 35

À LILLE (59)

La municipalité organise réveillon et maraudes. Devenez l'un des 150 « ambassadeurs de la solidarité ».
solidarite@mairie-lille.fr
03 20 49 53 08

À STRASBOURG (67)

En Alsace, la coutume veut que les habitants déposent des cadeaux au pied du sapin pour les plus démunis. Le « village du partage » prolonge cette tradition. Ce marché de Noël accueille une soixantaine d'associations caritatives, **place Kléber.**

À MANOSQUE (04)

Mardi 19 décembre, concert lyrique solidaire de Noël au théâtre Jean-le-Bleu. Solistes de renom accompagnés de la Chorale des quartiers enchantés. Les bénéfices sont reversés à une association manosquine. Organisé par le collectif des artistes lyriques et musiciens pour la solidarité.
calms-france.fr

À PARIS (75)

Les paroisses du diocèse de Paris organisent chaque année l'« Hiver solidaire ». Elles ouvrent leurs portes pour accueillir des personnes à la rue et leur offrir un abri et un échange avec les paroissiens bénévoles qui passent la nuit avec eux. Plusieurs diocèses suivent cette initiative. **dioceseparis.fr**

Marché de Noël des talents

La paroisse Notre-Dame du Chêne à Viroflay(78) organise lors de son marché de Noël une « chêne de talents ». En échange d'un bon – l'argent est reversé à la paroisse – vous acquerrez une recette, un cours d'informatique, un coaching, un service à la personne... en fonction des talents de chacun, petits et grands !

© AdobeStok

© Christophe Hargoues/Secours Catholique

AVEC DES ASSOCIATIONS

SECOURS CATHOLIQUE

Participer à des maraudes auprès des personnes sans-abri, à une animation musicale dans le métro ou dans des lieux publics, proposer du covoiturage pour emmener des personnes à la messe de Noël ou à un repas de fête...

01 45 49 73 00

www.secours-catholique.org/missions-benevoles

SOCIÉTÉ DE SAINT-VINCENT-DE-PAUL

Une action pour les oubliés de Noël avec la Société de Saint-Vincent-de-Paul : personnes âgées isolées, demandeurs d'asile, sans-abri, familles en difficulté sont invités pour des moments festifs.

www.ssvp.fr/reseau

LE SECOURS POPULAIRE

Les « Pères Noël verts » multiplient les activités solidaires permettant de collecter des dons, des jouets, des livres, des colis alimentaires, pour permettre aux familles, aux personnes âgées ou isolées, de fêter Noël dans la dignité.

www.secourspopulaire.fr/peres-noel-verts

LES PETITS FRÈRES DES PAUVRES

Un repas d'exception avec les plus démunis : les volontaires d'un soir partagent Noël les 24 et 25 décembre. Une aide est bienvenue pour donner un coup de main aux préparatifs, aux transports, à l'animation...

01 49 23 13 00

www.petitsfreresdespauvres.fr

ARMÉE DU SALUT

Tout au long du mois de décembre, vous pouvez participer à la préparation de paquets cadeaux, la collecte d'argent pour les réveillons, la préparation des salles et le service des repas dans le cadre de l'opération « Les marmites de Noël ».

benevolat@armeedusalut.fr

FRANCE BÉNÉVOLAT

Le site France Bénévolat permet aux associations de poster leurs demandes de bénévoles au cours de l'année. Ces annonces changent en permanence alors n'hésitez pas à aller vérifier ce qu'il se passe près de chez vous !

www.francebenevolat.org

EN PAROISSE OU EN MAIRIE

Aucune association dans votre ville n'organise de réveillon ou n'a besoin de bénévoles ? Renseignez-vous auprès de votre paroisse pour savoir si elle organise un événement pour l'occasion. Vous pouvez également vous adresser à la mairie de votre ville.

Prier pour la paix

L'association Pax Christi a la mission d'encourager un temps pour la paix pendant l'Avent et jusqu'à l'Épiphanie. Elle propose des outils pour prier et animer un temps chez vous, en famille, avec vos amis, dans votre paroisse, votre communauté... Retrouvez toutes ses propositions de prières sur le site : paxchristi.fr

© AdobeStok

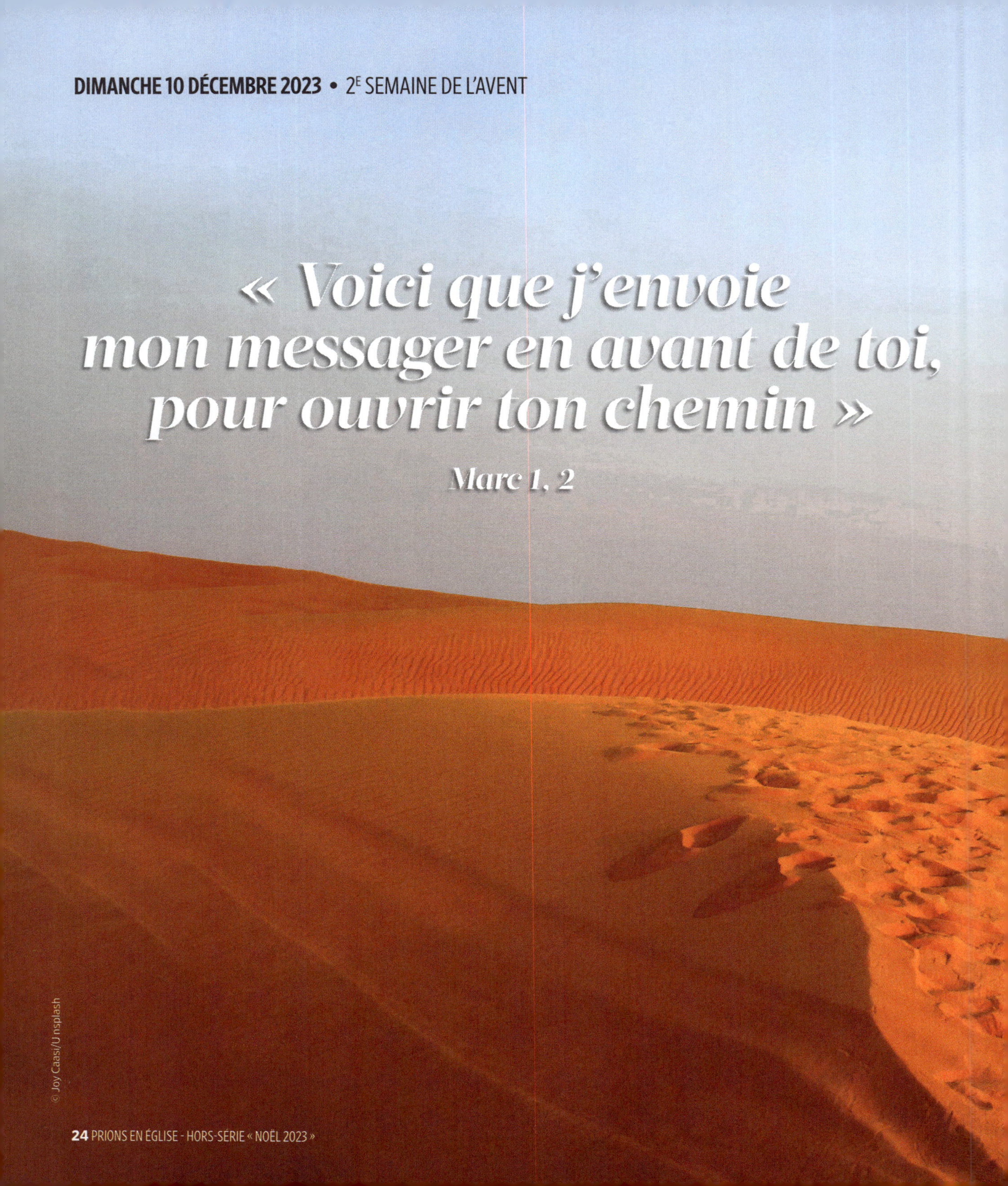

« Voici que j'envoie mon messager en avant de toi, pour ouvrir ton chemin »

Marc 1, 2

L'Évangile du deuxième dimanche de l'Avent

LIRE

ÉVANGILE DE JÉSUS CHRIST SELON SAINT MARC 1, 1-8

« Voici que j'envoie mon messager en avant de toi, pour ouvrir ton chemin »

Commencement de l'Évangile de Jésus, Christ, Fils de Dieu. Il est écrit dans Isaïe, le prophète : *Voici que j'envoie mon messager en avant de toi, pour ouvrir ton chemin. Voix de celui qui crie dans le désert : Préparez le chemin du Seigneur, rendez droits ses sentiers.* Alors Jean, celui qui baptisait, parut dans le désert. Il proclamait un baptême de conversion pour le pardon des péchés.

Toute la Judée, tous les habitants de Jérusalem se rendaient auprès de lui, et ils étaient baptisés par lui dans le Jourdain, en reconnaissant publiquement leurs péchés. Jean était vêtu de poil de chameau, avec une ceinture de cuir autour des reins; il se nourrissait de sauterelles et de miel sauvage. Il proclamait : « Voici venir derrière moi celui qui est plus fort que moi; je ne suis pas digne de m'abaisser pour défaire la courroie de ses sandales. Moi, je vous ai baptisés avec de l'eau; lui vous baptisera dans l'Esprit Saint. »

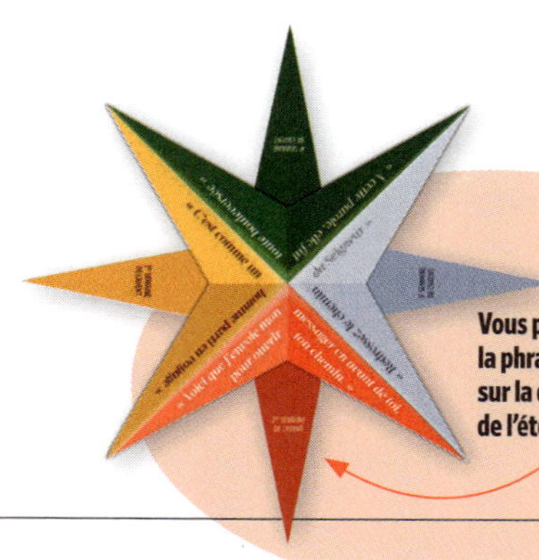

Vous pouvez méditer la phrase inscrite sur la deuxième branche de l'étoile de l'Avent.

L'ÉTOILE DE L'AVENT

VOIR PAGE 82

APPROFONDIR

Le messager de l'Avent

Au désert, Jean le Baptiste mène une vie simple, loin de tout prestige. Il a capté l'essentiel. Proclamant l'amour et le pardon, il donne à voir à ses contemporains le Verbe de Dieu.

LE TEMPS DE LA PRÉPARATION

« Les cieux proclament la gloire de Dieu,
le firmament raconte l'ouvrage
de ses mains. Le jour au jour en livre
le récit et la nuit à la nuit
en donne connaissance. »
(Psaume 18, 2-3)

LE TEMPS DE L'OBSERVATION

Il y a dans les quelques lignes d'introduction de l'évangile de Marc un vrai paradoxe. Marc commence son évangile en posant le décor. Il annonce que l'homme Jésus, dans le récit qui suivra, est l'incarnation du Christ, le Verbe qui a présidé à la création du monde et qui, depuis, ne cesse de le faire exister. Pourtant, tout de suite après, il est question de Jean le Baptiste criant dans le désert. Le contraste est saisissant. D'un côté, l'annonce de l'incarnation du Verbe qui préexiste à l'existence du monde et, de l'autre, la description d'un électron libre, un mystique vêtu de poils de chameau et mangeur de sauterelles. Tout semble opposer ces deux événements et pourtant un lien intime et précieux les unit. Dans sa pauvreté, sa fragilité, Jean le Baptiste a capté l'essentiel. À sa petite mesure et par son impuissance, il est en capacité de reconnaître le Verbe créateur et d'être au service de cette Parole qui s'humanise.

LE TEMPS DE LA MÉDITATION

Nous pouvons parfois avoir l'impression que nos vies sont anodines ou sans grand impact sur le monde. Dans de tels moments, nous devrions nous tourner vers la figure de Jean le Baptiste. Il est le bon exemple pour comprendre qu'une parole, une action, même prononcée dans le désert, peut préparer à la Parole faite chair. Toute parole adressée a du poids, toute action réalisée avec intention compte. Jean le Baptiste, sans pouvoir ni prestige, mène une vie simple et sans grand public. C'est pourtant cette proximité avec la Parole, avec des mots d'espoir, de pardon et d'amour prononcés en périphéries du monde qui sont à l'origine de rencontres qui comptent. La foule ne s'y trompe pas, Jésus non plus. Il ira vers cet homme qui donne du poids aux mots et qui perçoit combien Dieu s'humanise dans sa parole. Sa posture est inspirante. Nous pouvons, nous aussi, permettre au Verbe de devenir plus concret, plus réel.

LE TEMPS DE LA PRIÈRE

« Qu'elle est douce à mon palais
ta promesse : le miel a moins de saveur
dans ma bouche ! Tes préceptes m'ont
donné l'intelligence : je hais tout chemin
de mensonge. Ta parole est la lumière
de mes pas, la lampe de ma route. »
(Psaume 118, 103-105)

Marie-Laure Durand, bibliste

VOYAGES

Rencontrer

Se lever le matin, lire les noms griffonnés sur mon agenda à la page du jour, c'est déjà rencontrer, en esprit, ceux qui s'invitent dans ma vie aujourd'hui. Et c'est ainsi que chaque jour, au détour d'un café, d'une rue animée, des chemins se rejoignent, des destins se mêlent, des inconnus deviennent amis, ma famille de cœur...

« Alors Ruth
se prosterna face
contre terre et lui dit :
"Pourquoi ai-je trouvé
grâce à tes yeux,
pourquoi t'intéresser
à moi, moi qui suis
une étrangère ?" »
(Ruth 2, 10)

Roselyne Dupont-Roc & Laurent Guillon-Verne

« La Parole fait son chemin en nous »

L'une est spécialiste des textes bibliques et écrit les « Clés de lecture » dans le mensuel *Prions en Église*, l'autre est directeur de l'agence de voyage et pèlerinage Terralto. Depuis des années, tous deux font voyager des milliers de chercheurs de Dieu. Regards croisés sur l'importance de se déplacer.

[RENCONTRER]

Pourquoi faire un pèlerinage ? Et pourquoi lire la Bible ?

Laurent Guillon-Verne : La particularité du pèlerin, c'est la quête. Partir en pèlerinage, c'est interroger sa vie, qui je suis. Cela demande d'accepter sa fragilité. Pour partir, je dois accepter ma propre faiblesse, et celle de ceux avec qui je pars. On va s'apprivoiser sur un chemin qu'on va faire ensemble. Des personnes très différentes vivent des temps communs. Il peut y avoir des différends ou des affinités. Au retour, elles témoignent ensemble d'une rencontre. Rencontre de la parole de Dieu, rencontre d'hommes et de femmes, rencontre d'une histoire...

Roselyne Dupont-Roc : Comme pèlerin sur le terrain ou dans les textes, cette expérience de la marche ensemble est polarisée par un désir, par une quête. Qu'est-ce qui est important ? est-ce l'arrivée ? ou bien est-ce cette marche « ensemble » et notre quête ? Qu'est-ce qui reste, au retour ? Je crois que l'important, c'est le déplacement.

Comment votre rapport aux textes se nourrit-il de vos marches, Roselyne ? Et inversement pour Laurent ?

Roselyne : Je ne suis jamais allée en Terre sainte ! « Terre sainte », le mot me gêne un peu à vrai dire. Toute terre est sainte. Évidemment, il y a là-bas des racines fortes. Mais je voyage plutôt dans la Bible, et partout où je marche. La Bible est ma Terre sainte ! Elle m'emmène toujours ailleurs. •••

© Valentina Camu / Divergence

ACTUS

Le 13 janvier 2024, Roselyne Dupont-Roc anime la session : « De l'Ancien ou Nouveau Testament », par visioconférence, avec le Centre d'intelligence pour la foi (CIF).
lecif.fr

Jusqu'au 30 juin 2024, la bibliste propose une lecture accompagnée de la Genèse, en ligne, avec la Conférence catholique des baptisé.e.s francophones.
baptises.fr/lire-la-genese-avec-roselyne-dupont-roc

••• Le travail sur les textes est un travail de marche. La Bible raconte l'histoire d'un peuple de marcheurs.

Laurent : Faire un pèlerinage en Terre sainte, c'est marcher à la suite de ce peuple errant. Ce n'est pas dire que toutes les terres sont saintes, mais rappeler que l'incarnation s'est faite sur cette partie du globe, à un carrefour politique, géologique...

Roselyne : Sans préjuger de ce qui se passe ailleurs, ce pays est, pour nous, le lieu de la quête de Dieu. Je ne suis pas sûre qu'il se trouve là plutôt qu'ailleurs. Mais la quête du Dieu que nous connaissons y prend sa source. Tout est polarisé par Jérusalem, mais, en réalité, cela part dans tous les sens. Une partie de ma vie a consisté à faire lire la Bible autour de moi. Je vois bien que mes lecteurs prennent un chemin qui les déplace, sans toujours savoir où il va.

Comment est-ce que vous pèlerinez avec les textes ?

Roselyne : Dans leurs multiples formes littéraires, les textes bibliques sont l'histoire d'un peuple que Dieu précède, appelle et met en marche. Entrer dans la Bible, c'est entrer dans ce pèlerinage : comment marcher vers Dieu, et donc vers les autres ? Cette marche se déplace avec les événements de notre vie. Des chemins s'ouvrent, parfois très contradictoires : ils se perdent, vous ramènent au point de départ ou se révèlent être des chemins de fulgurance. Dans la marche, c'est pareil. On peut se perdre, souffrir beaucoup. Et, à un moment, on arrive en haut de la montagne et c'est magnifique. Après, il faut redescendre, ça peut être un peu dur *[rires]*. Mais on partira quand même. La Bible renvoie sans cesse à cette quête, qui n'est jamais finie.

Laurent : En allant en Terre sainte, on comprend combien la parole de Dieu est vivifiante. Cette Parole incarnée entraîne une expérience personnelle. Nous sommes allés avec des personnes handicapées à Bethléem. Des millions de personnes descendent à la crèche, au sous-sol de la basilique, y passent une seconde ou deux. Nous, nous avons descendu nos pèlerins dans une bâche. Une maman a explosé en sanglots en voyant ainsi descendre sa fille paraplégique. À travers ce geste, elle a revécu le moment où les médecins lui ont pris sa fille avant de lui annoncer qu'elle était handicapée. Cette maman revivait ça avec douleur et, en même

© Valentina Camu / Divergence

Roselyne Dupont-Roc et Laurent Guillon-Verne, mai 2023, Paris.

temps, à cet instant-là, à cet endroit, c'était donné. Dans ces lieux, la Parole fait son œuvre. En rentrant, je peux rendre témoignage : j'ai fait une rencontre, je peux vous dire ce que le Christ a fait pour moi.

Faut-il aller sur place pour vivre de telles expériences ?

Laurent : En mettant les pieds sur des lieux d'évocation – il faut bien faire la différence entre des lieux historiques et des lieux d'évocation – la Parole fait son chemin. Je prends l'exemple de Qasr el Yahoud : au même endroit, on commémore l'entrée des Hébreux en Terre promise, le passage d'Élie et Élisée et le baptême de Jésus. Là, au point le plus bas de la terre, se fait la rencontre entre l'Ancien et le Nouveau Testament. Voir que, lors du baptême de Jésus, le Père se révèle à l'endroit même où sont passés la Loi et les Prophètes… Quand je suis sur place, je ne peux plus lire la Bible de la même manière.

Roselyne : Je vais un peu vous contredire ! Dans un groupe biblique, on fait ce même chemin. Quand vous travaillez à plusieurs les textes bibliques, vous apercevez cette profondeur. Effectivement, ce n'est pas pour rien que Moïse s'arrête au bord du Jourdain, qu'Élie meurt là, que Jean Baptiste y baptise et que Jésus y apparaît, dans l'évangile de Jean.

Partir, est-ce revenir ?

Laurent : Quand on revient d'un pèlerinage, on revient chez soi mais différent. Nous partons pour revenir dans nos propres Galilée. C'est là que le Christ nous attend : dans nos maisons. La Galilée, c'est chez nous. C'est évident !

Roselyne : En vieillissant, on se rend compte qu'il va falloir partir pour partir. Dans la marche et dans la lecture biblique, on ne sait pas si on reviendra à son point de départ. Probablement pas. Apprendre à partir pour partir est une bonne chose. ■

Propos recueillis par Sébastien Antoni et Frédéric Pascal

POUR ALLER PLUS LOIN

Dans quels lieux ma quête de Dieu s'incarne-t-elle ?

Lorsque je lis la Bible, suis-je en train de parcourir un chemin intérieur ? Où m'emmène-t-il ?

Si j'ai déjà réalisé un pèlerinage, comment a-t-il enrichi, vivifié ma foi ? Est-ce que cela a changé mes lectures bibliques ?

Lire, écouter, voir...

« Prions en Église » a sélectionné ces livres, CD et DVD qui vous aideront à patienter jusqu'à Noël. Ils arpenteront avec vous le chemin de l'Avent en musique, dans la joie, avec foi et espérance.

Livres

Contes de Noël aux herbes de Provence
Georges Lauris
Cerf, 208 pages
Connaissez-vous ces contes provençaux : *Le ravi de Saint-Rémy* ou encore *La pastorale des quatre rois ?* Découvrez-les, avec dix-sept autres histoires traditionnelles que l'on racontait naguère en Provence à la veillée de Noël. Ces contes n'ont rien perdu de leur magie ! Enchantez votre réveillon de Noël avec toute la famille, en les redécouvrant et, pourquoi pas, en les adaptant en petites saynètes avec et pour vos enfants !

Ma prière du jour avec les saints et l'Évangile
Bayard, 370 pages
Le pape François a déclaré 2024 « année de la prière ». Pour répondre à son appel et intensifier votre prière tout au long de cette année, découvrez l'éphéméride de *Prions en Église*. Du 1er janvier au 31 décembre 2024, une courte intercession inédite est proposée pour chaque jour, composée à partir de l'Évangile ou de la vie du saint ou de la sainte du jour. Seul ou en famille, ce calendrier spirituel vous orientera vers le ciel. Un cadeau à offrir ou à s'offrir pour une année tournée vers Dieu !

Mon parcours d'Avent au féminin
Mathilde Hallot-Charmasson
Éd. Emmanuel, 96 pages
Alliant préparation spirituelle et matérielle en vue de la fête de la Nativité, l'autrice propose de découvrir une sainte différente chaque semaine, de méditer l'Évangile et de confectionner un objet en lien avec Noël, le tout dans la prière. Des saintes de renom en passant par celles moins connues du grand public, Mathilde Hallot-Charmasson nous fait (re)découvrir plusieurs grandes figures féminines inspirantes pour la vie d'aujourd'hui. Une manière originale et spirituelle de se préparer à Noël.

Le fabuleux recueil de Noël
Isabelle Chevillard
Emmanuel jeunesse, 80 pages
Que ce soient Roch et Lucie, frère et sœur, l'écureuil, le pinson qui chante ou encore les deux marmottes, tous préparent leur cœur à la venue de l'Enfant Jésus. Mêlant poèmes et petites histoires, *Le fabuleux recueil de Noël* est un merveilleux cadeau à offrir aux enfants pour les aider, eux aussi, à se préparer au mystère divin. Les illustrations aux couleurs de Noël incitent à découvrir chaque histoire.

Textes : S. Antoni ; A-Q. Jozeau

« Beau chemin n'est jamais long » *Proverbe provençal*

Audio

Album XII
Grégory Turpin
Première Partie
L'artiste Grégory Turpin signe avec XII, un disque très réussi. Les 14 titres que compte l'opus sont essentiellement des ballades, cosignées ou accompagnées par des musiciens talentueux comme Ycare, Lionel Florence, Jacques Veneruso ou encore Natasha St-Pier. Avec Grégory, ils interprètent des textes majeurs de la Bible : le passage de la mer Rouge, le Notre Père, le jeune homme riche… Un CD qui accompagnera aussi bien un temps de méditation qu'un trajet en voiture. Tout en douceur, musique et foi !

Le Noël de Barnabé
Chrystille et Alain Faivre, Catherine Silve
CRER-Bayard, livre audio, 32 pages
Destiné aux enfants, ce conte lu et mis en musique raconte l'histoire émouvante d'un petit garçon berger qui, arrivé aux pieds de l'Enfant Jésus, n'a pas de cadeaux à lui offrir. Désemparé, il cherche une idée et finalement la trouve. L'ouvrage, illustré par des aquarelles d'une grande douceur de Catherine Silve, est édité dans la collection « Petits témoins de l'Évangile » des éditions CRER.

Films

L'abbé Pierre, une vie de combats
Frédéric Tellier
WY Productions et SND Films, 1 h 18
En salles depuis le 8 novembre, ce biopic retrace le parcours de vie de celui qui fut nommé seize fois personnalité préférée des Français. De la création des premiers foyers d'action sociale Emmaüs en passant par l'appel de l'hiver 1954 sur Radio Luxembourg, aucun des grands combats de l'abbé Pierre n'est oublié dans ce film qui met en lumière son courage dans la lutte contre les injustices. Les prises de position et les luttes contre la misère de ce prêtre hors du commun gardent toute leur pertinence pour notre temps. Seize ans après sa mort, l'abbé Pierre continue de nous bousculer !

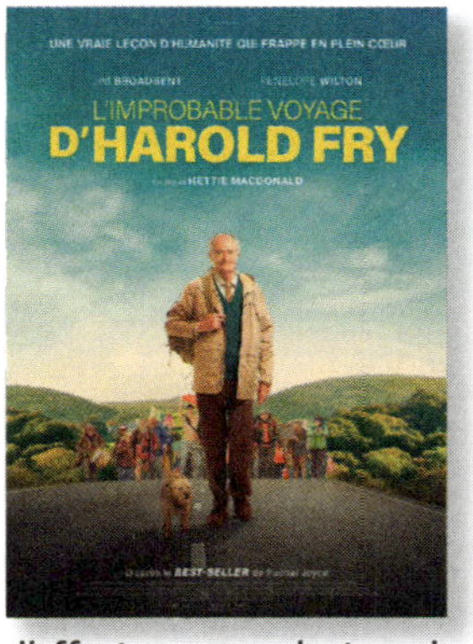

L'improbable voyage d'Harold Fry
Hettie MacDonald
Saje Distribution, 1 h 50
Harold Fry, persuadé de pouvoir guérir son amie mourante en la rejoignant à l'hôpital, décide de ne pas poster la lettre qu'il lui adressait et de se rendre à pied à son chevet. Pendant plusieurs semaines, il sillonne l'Angleterre du nord au sud. L'occasion pour ce retraité d'effectuer une relecture de sa vie, de ses joies, ses peines, ses difficultés : le tout rendu possible grâce aux rencontres effectuées tout au long de cette longue marche. Un hymne à l'amitié, à la générosité et au pardon, à ne pas rater !

Un fond de crèche illustré

POSTER À DÉTACHER EN DERNIÈRE PAGE

« Et le Verbe s'est fait chair » (Jn 1, 14).
Tout au long de l'Avent, prenons le chemin de la Bible qui nous mène à la naissance de Jésus Christ.

La Création
Poème qui raconte comment Dieu créa tout ce qui existe, vit et respire. *(Gn 1-2)*

L'arche de Noé
Noé, un homme juste, a trouvé grâce devant Dieu. Il bâtit une arche et sauve du déluge les animaux et sa famille. *(Gn 6-9)*

La tour de Babel
Tour que les hommes voulaient construire jusqu'au ciel, rêvant de rivaliser avec Dieu. *(Gn 11)*

Abraham, Sarah et Isaac
Abraham et Sarah, parents d'Isaac, engendreront une descendance innombrable : le peuple des croyants. *(Gn 17-18)*

Loth et sa famille
Le neveu d'Abraham, Loth, s'enfuit de la région de Sodome et Gomorrhe détruite par Dieu. Son épouse, parce qu'elle a désobéi à Dieu, est changée en statue de sel. *(Gn 19)*

Ésaü et Jacob
Les deux fils d'Isaac. Ces frères ennemis feront le lent apprentissage de la réconciliation. *(Gn 27-28 ; 32-33)*

Moïse sauvé des eaux
Alors que le pharaon d'Égypte voulait exterminer tous les bébés mâles des Hébreux, l'un d'eux a survécu, sauvé des eaux du Nil et recueilli par la fille de Pharaon. C'est Moïse. *(Ex 1-2)*

La sortie d'Égypte
Les Hébreux s'enfuient d'Égypte de nuit. Sous la conduite de Moïse, ils traversent la mer Rouge, entamant ainsi leur marche vers la Terre promise. *(Ex 13-14)*

Le veau d'or
Accablés de désespoir et souffrant des difficultés d'une longue marche dans le désert, les Hébreux renient Dieu et se font une idole qu'ils adorent : un veau en métal. *(Ex 32 ; Dt 9)*

Ruth et Noémie
La belle-fille de Noémie, Ruth, une étrangère devenue veuve, épousera Booz et deviendra l'arrière-grand-mère du roi David. *(Ruth)*

David est oint par Samuel
David, fils de Jessé, devient roi par une onction d'huile du prophète Samuel. *(1 S 16)*

David
Le roi d'Israël est aussi musicien, psalmiste, louangeur de Dieu, fondateur du culte du Temple… *(2 S 6)*

Salomon
Le fils du roi David sera un gouvernant juste et sage, un homme apportant « sa paix ». *(1 R 3)*

Élie
Héritier intransigeant de la foi de David, le prophète rejoindra le ciel sur un char de feu. *(2 R 2)*

Jérémie
Prêtre du Temple de Jérusalem, rendu célèbre par ses incessantes lamentations. *(Jr)*

Ézékiel
Prophète qui, déporté en exil à Babylone, eut la vision du char sur lequel trône le Seigneur. *(Ez 1)*

Isaïe
Prophète connu pour ses messages divins de réconfort et de promesse de salut pour le peuple d'Israël. *(Is 6)*

Les rapatriés de Babylone
Revenant sur leur terre après l'Exil, les anciens captifs partagent un même élan pour rebâtir le Temple de Jérusalem. *(Esd 2)*

Esdras
Ce prophète fut le porte-voix de la Loi divine, confiée à Moïse. *(Esd 8)*

Jonas
Prophète qui, avalé par un grand poisson, cria justice à Dieu. *(Jon)*

Daniel
Prophète qui, jeté dans la fosse aux lions, fut visité par un ange et miraculeusement sauvé. *(Dn 6)*

Jean Baptiste
Le dernier prophète, cousin de Jésus, baptise et annonce la venue du Sauveur. *(Lc 3)*

[LIRE UN CONTE]

Gloria sous la neige

Dans ce conte de Noël, une hirondelle égarée devient messagère de fraternité.

Un texte de Timothée de Fombelle

Vous pouvez retrouver cette histoire en librairie :
Quelqu'un m'attend derrière la neige,
de Timothée de Fombelle, illustré par Thomas Campi, Gallimard Jeunesse, 2019.

Les hirondelles ne fêtent pas Noël. Quand l'hiver vient, elles sont au-dessus des forêts d'Afrique à se baigner dans l'air trempé. Elles dessinent des boucles dans cette atmosphère brûlante à essorer. Elles montent puis redescendent en flèche et restent quelques secondes sur le dos, à l'horizontale, frôlant les cimes des arbres, fendant le bouillon de feuilles et de fleurs qui stagne à la surface des forêts.

Les hirondelles ne savent pas pourquoi elles sont revenues là pour l'hiver, dans le ciel de cette plaine ou de cette colline, sur les toits de ce village de terre cuite et de tôle. Elles y ont juste des souvenirs. Des souvenirs enfouis dans leurs petits corps de vingt grammes ou dans celui de leurs ancêtres. Elles ne fuient même pas la neige, qu'elles n'ont jamais vue, ni le froid, mais elles se sentent incapables de ne pas être là-haut à disperser les moucherons, à gribouiller le bleu du ciel.

Les hirondelles ne s'occupent pas de ces êtres qui s'agitent en dessous d'elles, les hommes, qu'elles voient se promener de continent en continent, collés au sol, les pieds enfoncés dans la terre. Et quand elles survolent les flots, elles les comptent parfois par centaines, englués dans leur pesanteur, traversant la mer blanche sur un bouchon de bois.

La plupart des hirondelles ne connaissent rien d'autre de l'humanité, de ses tragédies et de sa beauté, que ces silhouettes tout en bas qui croient se tenir dressées sur la terre et pourtant ne dépassent pas le plus petit de leurs arbres.

Car il ne faut pas idéaliser les oiseaux. En dehors de la passion du vol qui fait leur âme et leur poésie, les hirondelles ne s'occupent que d'elles et n'ont que trois points cardinaux dans le triangle minuscule de leur tête : le nid, les petits, la survie.

Gloria n'avait rien de cela. Elle n'avait jamais fait de nid, jamais eu de petits. Elle se moquait un peu de survivre : elle vivait. Mais pourquoi, un matin de décembre, volait-elle à contre-courant dans le ciel ? Pourquoi cette hirondelle avait-elle quitté depuis plusieurs jours le fil de l'équateur qui aurait dû la retenir en hiver ? Gloria était seule. Elle volait depuis très longtemps. Elle avait vu le désert se jeter dans la mer, puis la terre naître à nouveau sous la brume. Elle traçait vers le nord, en plein cœur de l'hiver.

Un peu plus loin, au même instant, Freddy d'Angelo filait dans la même direction. Il conduisait un petit camion frigorifique jaune sur lequel était écrit en grandes boucles rouges : Gelati Pepino & Schultz. Parti de Gênes au milieu de la nuit, il avait passé tous les tunnels qui longent la mer entre l'Italie et la France. Il écoutait une vieille cassette de Sinatra qui semblait parler de Noël, mais qu'il faisait tourner en toute saison, surtout en plein été, lui qui détestait les fêtes.

Freddy d'Angelo travaillait depuis trente-sept ans pour Pepino & Schultz. Malgré son nom italien, Freddy ne disait pas un mot de cette langue et il vivait seul depuis toujours dans un petit village, après Béthune, le long de l'autoroute A26. Par conscience professionnelle, il n'avait jamais goûté les crèmes glacées qu'il transportait, ces glaces qui avaient eu un immense succès en Europe quelques décennies plus tôt. La gloire n'avait pas duré. Il y avait eu autrefois une flotte de douze camions Pepino & Schultz sillonnant les routes de Bari à Copenhague. Ils n'étaient plus que deux. L'un s'occupait de l'Italie et Freddy livrait en France, et parfois en Angleterre.

Ce jour-là, veille de Noël, le petit camion jaune fendait le matin froid avec à bord, enfermés à triple tour, six cents boîtes de glace aux marrons ou au lait d'amande, chargées en Italie et à livrer la nuit suivante dans le centre de Londres. Freddy d'Angelo maudissait cette commande de dernière minute alors qu'il avait vidé un demi-camion chez le même client anglais la semaine précédente. Il se plaignait de l'incurie des gens, de la neige annoncée, et surtout du passage par Calais, de la guérilla autour du tunnel qui concentrait depuis des mois toutes ses colères et ses peurs. Il se lamentait, ruminait des heures dans son camion au sujet du grand désordre de ce temps, du monde en perdition, envahi, méconnaissable. Mais au fond, tout au fond, il n'était pas mécontent d'être sur les routes, malgré ce monde à feu et à sang, plutôt que seul dans son pavillon avec le néon clignotant de sa cuisine.

Freddy avait fait ses comptes. Cela allait faire cent jours que personne ne lui avait vraiment adressé la parole. Par honnêteté, il ne comptait pas les phrases de moins de trois mots : « Poussez-vous », « Bonsoir » ou « Bonne route ».

Cent jours… Il avait déjà vécu des solitudes de ce genre pendant trente-cinq ou quarante jours, mais autrefois cela finissait toujours par une conversation entre deux tables à la buvette du ferry ou quelques mots échangés à propos de son camion jaune avec un amateur de vieilles machines.

Il se rappelait même de vraies conversations… Freddy avait longtemps été secrètement amoureux de la femme du dépôt, chez Pepino & Schultz, à Gênes. C'était la seule employée à parler un peu français. Ils pouvaient rester à discuter quinze ou vingt minutes au pied de son camion. Ce temps à ses côtés avec l'odeur du café et le roulement de tambour du moteur lui paraissait durer des nuits entières.

Mais Emilia était maintenant à la retraite depuis cinq ans. En franchissant le péage de Brignoles, Freddy se disait qu'à l'arrivée à Londres, la nuit suivante, il irait dans un certain café français où un serveur l'avait sauvé de l'isolement, un matin de neige, en lui demandant s'il préférait le poisson en beignet ou bien pané. Ils avaient un peu devisé ensemble : cannes à pêche, hameçons numéro douze, fritures et souvenirs d'enfance. Freddy n'en demandait pas plus, lui qui parlait seul pendant des kilomètres au volant et jouait à se présenter longuement à un passager imaginaire, à côté de lui sur la banquette, lui expliquant qu'il était un brave type, pas très bavard, un peu sauvage et plutôt solitaire.

Gloria volait à quatre-vingts à l'heure au-dessus des pins. Le vent froid faisait vibrer l'arc de ses ailes. Elle n'arrivait pas à comprendre ce qui la conduisait dans cette direction. Gloria se savait différente, un peu en marge de son espèce, mais elle n'échappait pas à ces commandements intérieurs, inexplicables, qui dirigent la vie des animaux. Elle vivait l'intuition comme un esclavage, alors que les hirondelles et bien d'autres oiseaux, comme les martinets ou les canards sauvages, y voient un grand repos de l'esprit. Cependant, l'ordre impérieux qui l'emmenait ce matin de décembre vers le nord n'était pas du même genre. Elle sentait que cet appel, bien qu'irrésistible, était lancé à elle seule, à sa liberté.

Gloria était née seize ans plus tôt dans les poutres d'un hangar de l'Oise, près d'une petite falaise calcaire. Elle y avait passé ses premiers printemps, suivant ses sœurs vers le sud avant la fin de l'été. Elle aimait ces allers-retours épuisants au-dessus des déserts, de l'eau, des forêts. Elle aurait pu grandir ainsi, exactement comme toutes les autres. Mais dès le troisième hiver, en Afrique, elle avait fait éclater les carreaux d'une église de brousse, une vitre bleue qui reflétait le ciel et donnait envie d'y plonger. Elle s'était retrouvée en sang sur la terre battue. Un enfant la ramassa le matin de Noël et la garda dans sa main droite serrée contre son ventre. Grâce à cet enfant, elle avait aujourd'hui un prénom, ce qui n'arrive jamais aux oiseaux, et surtout elle vivait.

Le petit garçon prit soin d'elle. Elle resta plusieurs semaines dans une boîte de lait concentré, nourrie, réconfortée. Il l'appela *Gloria in ex*, les dix lettres inscrites à l'avant du bus multicolore qui passait sans s'arrêter sur la piste, trop vite pour qu'il puisse lire les mots mystérieux qui suivaient.

Elle devint Gloria.

Cet hiver changea tout dans sa vie. L'hirondelle

ouvrit les yeux sur l'existence des hommes. Et quand elle quitta sa boîte de lait concentré, juste avant le printemps, Gloria savait qu'elle ne cesserait plus jamais de se préoccuper de cette vie horizontale. Pendant toutes les années qui suivirent, elle passa donc son temps à observer, à écouter, à se cacher dès qu'elle le pouvait dans le plafond des maisons. Elle escortait des vagabonds pendant des journées entières.

Les autres hirondelles ne s'interrogent même pas sur les causes de leurs propres tragédies, comme la raréfaction des granges ou des moucherons. Mais Gloria cherchait aussi à comprendre des phénomènes qui ne la concernaient pas. Les chagrins, les noces, les guerres, les jeux d'enfants. Pendant ses grands voyages de printemps et de fin d'été, elle rôdait dans les champs de bataille et les immeubles brûlés. Elle suivait ceux qui partaient sur les routes.

Ce changement, elle le devait au petit garçon qui l'avait sauvée et qu'elle n'avait pas retrouvé l'année suivante dans le village abandonné. Où était-il passé ? Elle avait senti chez lui quelque chose qui lui ressemblait. Il avait 10 ans, les mêmes yeux noirs qu'elle. Elle ne se souviendrait peut-être pas de ses traits si elle le recroisait. Elle savait juste qu'il n'avait plus qu'une seule main. L'autre bras s'arrêtait au coude dans la manche cousue de sa chemise.

Elle lui devait tout. S'il avait eu ses deux mains pour battre l'air, il se serait sûrement envolé avec elle.

La neige commença à tomber à six heures de l'après-midi. Freddy d'Angelo avait contourné Paris. Il venait de dormir une heure sur un parking. La réfrigération ronronnait dans son dos. Il aimait ce petit camion qui était sa vraie maison. Le moteur avait déjà été changé deux fois, mais la carrosserie ne bougeait pas depuis presque quarante ans. Il tapissait lui-même l'intérieur avec du velours, repeignait les lettres rouges quand elles pâlissaient.

Il alluma les essuie-glaces pour chasser les premiers flocons et il démarra. Il aurait aimé arriver à Calais avant la nuit. Il ne pouvait plus vraiment l'espérer.

Une heure plus tard. Freddy entendit trois notes retentir dans la portière. Il passa la main contre le siège et attrapa le téléphone qui ne sonnait jamais. L'écran annonçait un message de la part de Pepino & Schultz. Il ne l'ouvrit pas tout de suite, reposa le téléphone à côté de lui, roula encore un peu en se demandant ce que son employeur pouvait bien lui vouloir. Plus loin, il s'arrêta sur une aire déserte où blanchissaient quelques arbres et une cabane.

C'était une note de deux mots en anglais qui disait que la livraison était annulée. Il resta plusieurs minutes immobile, comme si d'autres informations allaient surgir. Il pressa finalement trois fois sur le point d'interrogation, envoya le message et attendit patiemment en regardant le travail des essuie-glaces sur la neige.

Les trois notent résonnèrent encore. Deux nouveaux mots en anglais indiquaient que des instructions arriveraient après Noël. Freddy s'attendait à ce qu'il y ait un jour un problème. Il savait que le client anglais n'avait pas payé les dernières livraisons. Il patientait encore, un peu perdu, quand un troisième message autoritaire apparut : « *Go home.* »

C'était à cela qu'il pensait depuis le premier instant. Devoir rentrer chez lui, à quelques heures de là, pour attendre une nouvelle consigne. Brancher son camion dans le garage sous la maison. Allumer la cuisine. Regarder les deux chaises autour de la table pendant que le café chaufferait.

Tout cela lui paraissait au-delà de ses forces.

Il ne vit pas passer au même instant, au-dessus du camion, une petite arbalète noire au ventre blanc, une hirondelle égarée dans l'hiver.

Malgré la splendeur de cette neige qu'elle découvrait, Gloria savait qu'elle ne pourrait plus tenir longtemps. Pour les hirondelles, la seule frontière qui existe est mouvante et invisible. C'est celle qui sépare le monde où il fait plus de dix degrés du reste de la planète. Cette frontière ne cesse de se déplacer, au fil des saisons et des jours, comme un filet dérivant, dangereux. Elle délimite une zone infréquentable.

Gloria avait plongé dans ce monde interdit.

La nuit était tombée. Elle venait d'entrer dans un village barricadé. Il fallait trouver un abri. Elle était au bout de ses réserves.

Elle se laissa d'abord guider par un son grave qui l'attirait. L'orgue la mena aux lumières d'une église. Elle fit trois ou quatre fois le tour du clocher, aveuglée par les flocons de neige. Elle n'avait pas oublié que, même illuminés, les vitraux sont tranchants pour les ailes des oiseaux.

Gloria chercha longuement une issue. Elle entendait des voix chanter derrière le sifflement du vent. Elle crut trouver refuge dans un trou de l'ardoise, mais la pierre était si froide et la température de son corps baissait si vite qu'elle se jeta à nouveau dans la tempête.

Alors, à la fin d'une dernière boucle aérienne, elle aperçut dans une rue voisine, un rectangle de lumière blanche qui rétrécissait.

C'était une porte de garage en train de se fermer.

Freddy d'Angelo était assis chez lui, dans sa cuisine. Il écoutait trembler les deux boîtes de conserve qu'il avait posées dans une casserole d'eau bouillante. Le néon clignotait toujours derrière sa chaise. Il avait sorti la cassette de Sinatra du camion et l'avait enfoncée dans le magnétophone à piles posé sur le radiateur de la cuisine. Mais il ne l'avait pas encore allumé, pour pouvoir attraper au vol les éclats de voix venus de l'église. Des sons qui franchissaient par instants la rue et le mauvais temps.

Qu'allait-il faire du reste de sa vie ? Ce monde n'était plus fait pour lui. Même Pepino & Schultz ne survivrait pas longtemps. Il pensait à ces cent derniers jours. Y aurait-il encore une personne qui viendrait un jour s'asseoir à côté de lui ? Il attendait qu'il se passe enfin quelque chose.

À l'instant où l'obscurité complète envahit brutalement la cuisine, un bruit explosa sous le carrelage. Freddy le reconnut tout de suite : un bruit d'avertisseur, comme une corne de brume, une sirène d'usine, un paquebot qui s'en va. Un hurlement assourdissant.

C'était le klaxon que Freddy avait choisi dans un bazar de Marseille, trente ans plus tôt. Il lui avait sauvé la vie plusieurs fois quand des semi-remorques le doublaient sur l'autoroute sans le voir. Mais la fierté de Freddy était de l'avoir relié à la réfrigération du camion pour signaler tout incident. Il avait inventé cette astuce au lendemain de la livraison d'un chargement de glace fondue dans une brasserie des Champs-Élysées. Une vague de crème violette s'était déversée sur le trottoir. Il s'était juré de ne pas revivre une telle humiliation.

Il prit une lampe de poche, alluma une bougie qu'il laissa sur la table et descendit l'escalier. Toute l'électricité de la maison avait sauté. Le vacarme ne s'arrêtait pas. Freddy entra dans le garage, le balaya avec sa lampe. Il ouvrit la portière avant du camion. Quand il baissa un petit levier sous le volant, le silence total revint.

Il tira une échelle et grimpa sur le toit de la cabine. C'était là que se trouvaient le climatiseur et probablement la cause de la panne. Il arrivait que la machine avale des chiffons errants ou des feuilles mortes sur la route et déclenche des courts-circuits. Mais rien dans ce garage parfaitement ordonné ne pouvait avoir été aspiré par la ventilation.

Il retroussa ses manches, enfonça sa main. Alors, très lentement, il en sortit un objet extraordinaire éclairé par le faisceau de la lampe.

C'était une boule de plumes encore chaude.

Freddy regardait l'oiseau entre ses doigts. Au milieu de la nuit glaciale, il avait dû vouloir se réfugier dans ce trou d'air brûlant et avait provoqué la panne générale.

Freddy approcha encore la lampe.

L'hirondelle était morte.

Mais, au creux de sa main, il devinait encore l'énergie de la lutte, des voyages et des paysages. Pour la première fois, il sentit les larmes monter dans ses yeux… La certitude qu'il se passait enfin ce qu'il attendait : des vies qui se croisent et se frottent tout près de lui. Un événement. Quelque chose. Il se laissait porter par ce sentiment. Il ne pensait plus. Il mit l'oiseau délicatement dans la poche de sa blouse et redescendit de l'échelle.

Freddy d'Angelo se dirigea machinalement vers la double-porte du camion, ouvrit les trois cadenas et il tira les portes en grand.

Il tourna sa lampe vers l'intérieur.

Quelqu'un l'attendait là. Sous une couverture, habillé d'un manteau de laine, d'une écharpe et d'un bonnet, il était assis sur les caisses de glace. C'était un homme de 25 ans, noir, la barbe couverte de givre. Sa mâchoire tremblait.

Freddy le contemplait, à peine surpris.

– Angleterre ? demanda le jeune homme, les yeux brillants.

– Non, dit Freddy. Je suis désolé.

Il baissa un peu la lampe pour ne pas l'éblouir. Le passager avait dû monter à Gênes, la nuit précédente, pendant le chargement dans le dépôt de Pepino & Schultz, mais il venait de beaucoup plus loin. Il espérait gagner l'Angleterre.

– Il fait moins vingt, ici, dit Freddy. Sans cette panne vous seriez mort de froid. Je ne pensais pas reprendre la route avant deux jours. Vous avez eu beaucoup de chance.

– Merci, monsieur.

– Ce n'est pas moi, répondit Freddy. Je n'y suis pour rien.

Il sentait le poids de l'oiseau dans sa poche.

– Monsieur, dit le garçon, j'ai froid et j'ai un peu faim.

Ces quelques paroles alignées firent déborder le cœur de Freddy d'Angelo. Dix mots. Il regarda sa montre. Il n'était pas minuit. Les cent jours n'étaient pas encore écoulés.

Il aida le jeune homme à descendre, le prit par l'épaule. Ils sortirent du garage tous les deux, laissant le camion béant. Les boîtes de glace n'avaient plus aucune importance.

Ensemble, ils montèrent le petit escalier. Quand ils entrèrent, la cuisine leur parut merveilleusement chaleureuse. L'odeur des raviolis dans les boîtes, la vapeur sur la vitre, la bougie posée sur la table. On entendait les voix des fidèles s'éparpiller dans les rues.

Freddy d'Angelo installa l'homme sur une des chaises, retira doucement le bonnet luisant de glaçons. Puis, il sortit de sa poche l'hirondelle morte et lui fit un nid dans une boîte de sucre juste à côté de la bougie.

Il prit deux assiettes, deux verres et une bouteille de vin.

– Je vais enlever votre manteau, dit-il.

Il passa derrière lui pour l'aider et remarqua que le jeune homme ne quittait pas des yeux l'hirondelle sur la table. Il paraissait bouleversé.

– C'est elle qui vous a sauvé la vie, expliqua Freddy. Elle seule.

En retirant le manteau, concentré sur chaque geste, Freddy découvrit qu'il manquait à l'homme l'avant de son bras gauche. Et la manche de sa chemise était cousue sur elle-même, comme un fourreau, à la hauteur de son coude.

Freddy vida les boîtes dans les assiettes. Il appuya sur le bouton du magnétophone, se posa enfin sur sa chaise.

Avant même que la musique commence, il releva la tête. À la lueur de la flamme, il vit qu'ils pleuraient tous les deux. ■

[SE RÉCHAUFFER]

Le chocolat viennois

Que peut-il exister de plus réconfortant qu'un bon chocolat chaud à la chantilly et aux chamallows alors que les journées se rafraîchissent ?

IL VOUS FAUT
(pour 2 tasses)

- ★ **1/2 litre de lait.**
- ★ **150 g de chocolat noir.**
- ★ **1 c. à soupe de miel.**
- ★ **1 pincée de cannelle.**
- ★ **20 cl de crème entière liquide.**

1. Faites bouillir le lait dans une casserole et baissez le feu.
2. Ajoutez le chocolat en morceaux.
3. Mélangez doucement.
4. Ajoutez miel et cannelle et laissez chauffer pendant 15 minutes à feu doux.
5. Montez la crème en chantilly.
6. Versez le chocolat chaud dans un bol.
7. Pressez la chantilly à l'aide d'une poche à douille.
8. Saupoudrez de chocolat en poudre.

POUR LE BONHOMME, disposez 3 chamallows et complétez avec des bonbons gélifiés et des bâtonnets salés ou chocolatés.

Stylisme : Béatrice Basteau. Photo : AdobeStock

© Peter Cade/ Getty Images

« Redressez le chemin du Seigneur »

Jean 1, 23

L'Évangile du troisième dimanche de l'Avent

LIRE

ÉVANGILE DE JÉSUS CHRIST SELON SAINT JEAN 1, 6-8.19-28

« *Redressez le chemin du Seigneur* »

Il y eut un homme envoyé par Dieu; son nom était Jean. Il est venu comme témoin, pour rendre témoignage à la Lumière, afin que tous croient par lui. Cet homme n'était pas la Lumière, mais il était là pour rendre témoignage à la Lumière.

Voici le témoignage de Jean, quand les Juifs lui envoyèrent de Jérusalem des prêtres et des lévites pour lui demander: « Qui es-tu ? » Il ne refusa pas de répondre, il déclara ouvertement: « Je ne suis pas le Christ. » Ils lui demandèrent: « Alors qu'en est-il ? Es-tu le prophète Élie ? » Il répondit: « Je ne le suis pas. – Es-tu le Prophète annoncé ? » Il répondit: « Non. » Alors ils lui dirent: « Qui es-tu ? Il faut que nous donnions une réponse à ceux qui nous ont envoyés. Que dis-tu sur toi-même ? » Il répondit: « *Je suis la voix de celui qui crie dans le désert: Redressez le chemin du Seigneur*, comme a dit le prophète Isaïe. » Or, ils avaient été envoyés de la part des pharisiens. Ils lui posèrent encore cette question: « Pourquoi donc baptises-tu, si tu n'es ni le Christ, ni Élie, ni le Prophète ? » Jean leur répondit: « Moi, je baptise dans l'eau. Mais au milieu de vous se tient celui que vous ne connaissez pas; c'est lui qui vient derrière moi, et je ne suis pas digne de délier la courroie de sa sandale. »

Cela s'est passé à Béthanie, de l'autre côté du Jourdain, à l'endroit où Jean baptisait.

L'ÉTOILE DE L'AVENT

Vous pouvez méditer la phrase inscrite sur la troisième branche de l'étoile de l'Avent.

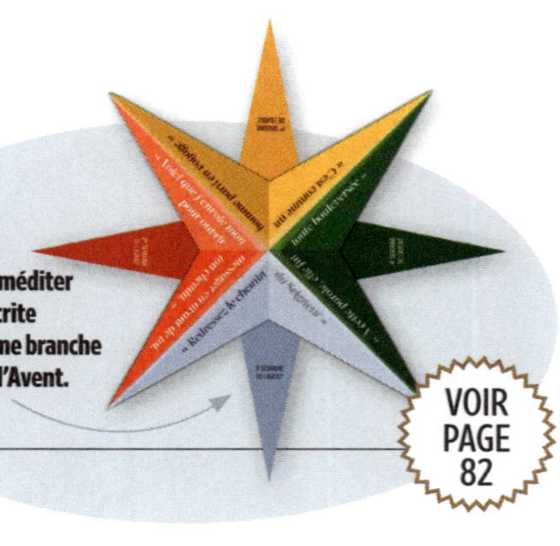

VOIR PAGE 82

APPROFONDIR

Celui qui baptise dans l'eau

« Admire-le comme une montagne », écrit saint Augustin en évoquant Jean Baptiste (*Sermons sur l'évangile de saint Jean* 2, § 5-7). Et il poursuit : « La montagne reste dans les ténèbres tant que la lumière ne vient pas l'envelopper. » Si l'évangile souligne la grandeur de Jean Baptiste, il n'en rappelle pas moins qu'il la tient du Christ.

LE TEMPS DE LA PRÉPARATION

« Béni soit Dieu [...] ! Il nous a bénis et comblés des bénédictions de l'Esprit [...] dans le Christ. »
(Éphésiens 1, 3)

LE TEMPS DE L'OBSERVATION

La question de l'identité de Jean est omniprésente. Et cela, pour nous aider à reconnaître celui qui « se tient au milieu de » nous et que nous ne connaissons pas. D'emblée, Jean est nommé. Son nom, « Dieu fait grâce », est à lui seul un programme de vie et renvoie à une histoire qui le dépasse mais dont il est totalement partie prenante. Son rôle de témoin est mis en évidence dans les versets extraits du Prologue (Jn 1, 6-8), et dans l'ouverture du récit où Jean répond aux autorités religieuses venues l'interroger. Il est une « voix » qui porte la parole de celui qui l'envoie. Ce rôle, il l'accomplit pleinement, ne cherchant pas à tourner les regards vers lui ou à usurper une identité qui n'est pas la sienne. Il n'est ni la « Lumière, qui éclaire tout homme » (Jn 1, 9), ni Élie annoncé par Malachie (Ml 3, 23) ou le Siracide (Si 48, 1-11), ni le prophète du Deutéronome (Dt 18, 15) – tous deux censés initier les temps messianiques et l'avènement du règne de Dieu.

LE TEMPS DE LA MÉDITATION

Jean est l'une des grandes figures de l'Avent. Il nous apprend autant à devenir témoins qu'à ne pas nous laisser fasciner par les faux témoins, ceux qui oublient de qui ils sont les messagers. La première dérive est celle de la séduction que nous pouvons exercer à l'égard d'autrui en le rendant dépendant de nous; la seconde est celle de l'idolâtrie. Dans un cas comme dans l'autre, nous freinons l'accomplissement de l'œuvre de Dieu. Le vrai témoin est toujours celui qui accepte de « diminuer » pour laisser le Christ croître en lui. Ce qui n'équivaut pas à se dépersonnaliser mais à vivre pleinement sa singularité et la mission reçue de Dieu. Quant à la tentation de s'arrêter au témoin sans chercher plus loin, écoutons saint Augustin : « Élève-toi jusqu'à celui qui éclaire cette montagne qui est dressée pour recevoir, la première, les rayons du soleil, afin de les renvoyer à tes yeux » *(Sermons sur l'évangile de saint Jean* 2, § 5-7).

LE TEMPS DE LA PRIÈRE

« C'est ta face, Seigneur, que je cherche : ne me cache pas ta face. »
(Psaume 26, 9)

Emmanuelle Billoteau, ermite

VOYAGES

Contempler

Admirer une toile de mon peintre favori, bouquiner un roman d'aventures au coin du feu, écouter quelqu'un réciter un poème de Lamartine... L'art, tel un vaisseau d'évasion, me transporte au-delà des frontières, là où mon âme s'emporte. Il est le carrefour des cultures, des émotions, le langage universel de mes aspirations.

« Il sait travailler l'or, l'argent, le bronze, le fer, la pierre, le bois, la pourpre rouge, la pourpre violette, le lin et le carmin; il connaît l'art de la gravure et saura réaliser toute œuvre. »
(2 Chroniques 2, 13)

Pierre Adrian « Jésus aussi a vécu des départs »

Partir pour pardonner, pour apprendre la liberté, pour redevenir soi et pour mieux revenir... L'auteur Pierre Adrian nous confie le lâcher-prise qu'il éprouve quand il part.

[RENCONTRER]

Noël célèbre une naissance. C'est aussi une histoire de voyage et d'exil. Aventure qui ne vous est pas étrangère. Y a-t-il chez vous, ancré en profondeur, le désir du départ ?
Oui, même si exil et départ ne se ressemblent pas. L'exil est terrible, puisque le retour n'est pas envisagé. C'est une mort en soi. Je me souviens d'un Russe qui m'avait interpellé lors d'un colloque à la Sorbonne Nouvelle autour de l'exil intérieur. Il n'était pas retourné depuis trente ans en Russie. «Ce n'est plus mon pays», disait-il. Quitter son pays sans espoir de retour n'est pas comparable au départ que l'on sait suivi d'un retour parmi les siens.

C'est de ce départ-là que vous avez besoin ?
Je ne suis pas un grand aventurier, mais j'aime partir. Je me sens bien quelque part quand je sais que je reviendrai. Tout jeune, j'ai fait un long séjour en Allemagne, sans en connaître la langue. Sortir de son confort, se faire comprendre, vivre loin des siens est une belle expérience.

•••

ACTU

2023-2024: pensionnaire de la villa Médicis à Rome (Italie).

BIBLIOGRAPHIE

Que reviennent ceux qui sont loin, *éditions Gallimard, 2022.*

Les Bons Garçons, *éditions des Équateurs, 2020.*

Des âmes simples, *éditions des Équateurs, 2017 – prix Roger-Nimier.*

La Piste Pasolini, *éditions des Équateurs, 2015.*

••• Que découvre-t-on ?

D'abord la chance d'avoir un pays, une langue, des racines. Partir m'a fait prendre conscience de mes appartenances, mais m'a aussi appris la liberté. Partir, monter dans un train, c'est ne plus se soucier de rien. C'est oublier son ambition et sa carrière. En Italie, où je réside souvent, je crée mon biotope, je fais pousser des racines autour de moi. Et je pense que ce serait pareil ailleurs. Je n'y connais personne mais y trouve une grande profondeur des relations.

Ce sentiment de liberté que vous évoquez, comment l'éprouvez-vous ?

Comme un nœud qu'on délie. La liberté c'est être en paix avec soi et avec les autres. Or, pour pardonner, pour oublier, j'ai besoin de partir. À condition, bien sûr, de pouvoir revenir un jour. Sinon cette liberté se transforme en prison. D'ailleurs, Jésus a vécu lui aussi les départs, les déplacements, en toute liberté. Il a aussi connu l'exil parmi les siens. On dit qu'il a pris sur lui toutes les conditions de l'homme, la croix, le rejet. Mais il a aussi partagé nos joies, nos départs et nos retrouvailles. Il a marché avec ses amis, s'est déplacé, a vécu l'éloignement et la séparation. À cet égard, j'aime beaucoup l'évangile de Lazare. Jésus est loin de son ami, il revient alors que tout est fini.

Dans votre livre *Que reviennent ceux qui sont loin*, vous évoquez le retour nostalgique du narrateur sur les lieux de son enfance. Revenir serait-il plus difficile que partir ?

Le départ m'a aussi appris que tout grand voyage est aussi un grand retour.

On part avec insouciance, et en revenant, on découvre que la vie a continué sans nous, sans avoir besoin de nous. On nous a oublié, les amis ont vécu autre chose, ils ont fait leur vie sans nous. Quel exercice d'humilité ! Après la joie des retrouvailles, quelque chose de douloureux s'installe alors. On dresse l'inventaire de ce qui a disparu, on découvre la mélancolie du temps qui passe.

Les mages ont suivi une étoile. Se lancer dans l'écriture, est-ce une façon de suivre à son tour son étoile ?

Il y a dans l'écriture un vrai travail de solitude. On est face à soi-même, à ses angoisses, à son spleen. Les paysages ne défilent pas, le voyage est bien différent et l'étoile difficile à suivre. Écrire est pour moi un chemin plein d'embûches, un travail dévorant mais essentiel car j'ai une haute idée de la littérature.

Cette étoile, c'est un livre enfin terminé ?

Peut-être, oui. En tout cas, c'est une belle récompense. Mais l'étoile, c'est quand même Dieu qui m'accompagne et qui est le remède à « l'à quoi bon » dont parle Bernanos: « Le démon de mon cœur s'appelle: à quoi bon ? » Si la question de Dieu ne surgit pas, je m'assèche. Il m'arrive de traverser des nuits, des périodes de désert, d'acédie qui contaminent ma vie, y compris mon écriture. Les périodes de destruction, d'éparpillement, de divertissement nuisent à mon travail. J'ai vécu le confinement douloureusement. Cette solitude imposée m'a beaucoup coûté. Je me suis senti mal, incapable de travailler et d'écrire.

Les départs permettent-ils de lutter contre ces états-là ?

Sans doute. L'Italie est venue remédier à ces états de tristesse, durant lesquels je macère dans le malheur. Prendre la route me

© Laurent Villeret

soulage et je redeviens la personne joyeuse que je suis en réalité, qui aime profondément la vie. En Italie, je découvre que le monde est beau. Il y a de la douceur, du soleil, de belles églises, des pizzas, des cafés au comptoir. C'est un pays consolateur, qui m'a guéri.
Je m'y suis remis à écrire et j'ai découvert que quand on écrit une belle page, on revit. Il m'aura fallu partir pour redevenir fécond !

Justement, pensez-vous que ce goût du départ, du voyage, vous suivra votre vie durant ?

Il est vrai que la jeunesse est un moment où partir prend tout son sens. D'ailleurs, je pense que dans les départs compulsifs, permanents, il y a une angoisse de la mort. Aujourd'hui, j'ai 30 ans et je pense en avoir fini avec les grandes aventures. Je souhaite m'enraciner dans une vie familiale, avoir des enfants. Je suis revenu des voyages intérieurs et j'ai le désir de me poser. ■

Propos recueillis par Sophie de Villeneuve

POUR ALLER PLUS LOIN

Comment est-ce que je vis les départs ?
Quelle est l'étoile que je suis ?
Quel est mon remède à « l'à quoi bon » dont parle Pierre Adrian ?

[MONTER UN SPECTACLE]

Artaban, le quatrième mage

La Tradition nous rapporte les noms des trois rois mages : Gaspard, Melchior et Balthazar. Elle aurait pu aussi nous parler du quatrième mage, Artaban, qui contre mauvaise fortune fait bon cœur.

Texte de **Frédéric Pascal**
(Une adaptation libre du « Quatrième mage », de Henry Van Dyke)
Dessins de **Robin**

CONSEILS

- Le spectacle dure environ 15 mn. Il nécessite entre 6 et 11 acteurs. Un acteur peut jouer plusieurs rôles.
- Insistez auprès des enfants sur l'articulation des mots : que leur diction soit audible grâce à une voix forte et un rythme pas trop rapide.
- Si les enfants sont trop jeunes pour apprendre leur rôle par cœur, faites-les mimer et confiez la lecture des répliques au narrateur.
- Les gestes et intonations des acteurs sont mentionnés *[en couleur dans le texte]*.

LES ACTEURS ET LES ACCESSOIRES

Artaban

Fiérot, le chameau d'Artaban

On peut fabriquer ce masque en suivant ce modèle ou en l'imprimant à partir de :

www.prionseneglise.fr/masque-chameau

L'homme blessé

La maman

Les soldats

La jeune fille

Des hommes

Jésus

Artaban, le quatrième mage

LE SPECTACLE

Le narrateur – On connaît Gaspard, Melchior et Balthazar. Ces mages suivaient l'étoile qui les menait vers Bethléem. On sait moins qu'un quatrième mage était parti avec eux. Artaban, c'était son nom, avait oublié ses cadeaux pour Jésus, l'enfant-roi, qui venait de naître. Il fit demi-tour pour aller les chercher. « Je vous rejoindrai », dit-il aux trois autres.

Acte I

Personnages : Artaban, Fiérot, l'homme blessé.
Artaban a une barbe foncée (jeune).

[Artaban et Fiérot marchent, le chameau portant les bagages.]
Artaban *[montrant l'étoile dans le ciel]* – Voilà l'étoile, Fiérot ! Remettons-nous en route…
Fiérot – Holà, tout doux… Ce n'est pas toi qui portes tout ! Tu n'as pas oublié ton cadeau pour le roi qui vient de naître, cette fois ?
Artaban – Non, non. J'ai bien glissé les trois perles de grand prix dans ce petit sac que tu portes, là. *[Il montre le sac.]*

[Un homme mal en point est couché sur le bord du chemin.]
L'homme – Seigneur, aidez-moi !
Fiérot *[à Artaban]* – Si tu t'occupes de lui, nous n'allons jamais rattraper Gaspard, Melchior et Balthazar.
Artaban *[à Fiérot]* – Oui, mais je ne peux le laisser ainsi ! *[à l'homme]* Que t'est-il arrivé ?
L'homme – Je me suis fait attaquer par des brigands. Ils m'ont pris tout ce que j'avais !
Artaban *[tendant sa gourde]* – Tiens, bois et mange quelques dattes. Monte sur mon chameau et viens.
Fiérot – Et voilà, c'est toujours sur les mêmes que ça retombe !

[Artaban aide l'homme à monter sur le chameau. Fiérot grimace. Ils avancent cahin-caha.]
Artaban *[donnant une perle à l'homme]* – Nous te déposerons à une auberge. Voici une perle de grand prix. Tu pourras ainsi payer les soins jusqu'à ce que tu sois remis sur pied.
L'homme – Merci pour ce que tu as fait pour moi : Dieu te bénisse !
Fiérot – Attention, Artaban, tu n'as plus que deux perles à offrir à ce bébé-roi !

[Les trois sortent de scène.]

Acte II

Personnages : Artaban, Fiérot, la maman puis les soldats.

[Artaban et Fiérot entrent dans Bethléem. Ils rencontrent une maman avec son bébé.]
Fiérot – Voilà Bethléem ! Je vais pouvoir me reposer un peu ! Regarde, un bébé. Ne serait-ce pas celui que tu cherches ?
Artaban *[à la maman]* – Bonjour, je suis à la recherche de mes trois compagnons, trois mages venus d'Orient…
Fiérot – … Et leurs trois chameaux !
La maman *[avec son bébé dans les bras]* – Ils sont passés il y a quelques jours. Ils se sont agenouillés devant l'enfant qui est né là, en même temps que mon petit garçon. Mais la famille et les mages sont déjà repartis.

Les soldats *[arrivant belliqueux]* – Là ! Encore un bébé garçon ! Tuons-le !
Artaban *[s'interposant]* – Holà ! Que vous a donc fait cet enfant ?
1er soldat – C'est l'ordre du roi Hérode. Il paraît qu'un autre roi vient de naître, ici à Bethléem.
2e soldat – Hérode a commandé de tuer tous les garçons qui y sont nés ces derniers mois.

Artaban, le quatrième mage

Artaban – Je vous achète la vie de cet enfant. Tenez, prenez cette perle et laissez-le en vie !
Les soldats *[prenant la perle]* – Allons-nous en !
La maman – Merci pour ce que tu as fait pour nous : que le Seigneur te bénisse !
Artaban *[à Fiérot]* – Remettons-nous en route. L'enfant-roi n'est plus ici.
Fiérot – Dommage, ce bébé-là, je l'aurais bien porté sur mon dos… *[paniqué]* Mais, Artaban, tu n'as plus qu'une perle à offrir au roi !
Artaban – Oui. Je le sais.

Acte III

Personnages : Artaban avec maintenant une longue barbe blanche, Fiérot vieilli, la jeune fille et les hommes.

[Jésus se tient sur un tabouret, les bras en croix.]
Fiérot *[tirant la langue, marchant lentement]* – Artaban, cela fait 33 ans que nous marchons. Je n'en peux plus… Tu crois vraiment pouvoir encore trouver ce bébé que tu cherches ?
Artaban – Il est un adulte maintenant. Peut-être le trouverons-nous à Jérusalem. J'ai entendu dire que trois hommes vont être crucifiés. Un tel événement attire la foule. Allons voir.

[Une jeune fille, poursuivie par des hommes, accourt.]
La jeune fille – Laissez-moi !
Artaban *[s'interposant]* – Holà ! Pourquoi poursuivez-vous cette femme ?
1er homme – Son père nous devait de l'argent. Il est mort.
2e homme – Nous allons vendre sa fille comme esclave pour nous rembourser.
Artaban – Je vous achète sa liberté : tenez, voici une perle de grand prix !
Les hommes *[prenant la perle et s'en allant]* – Allons-nous-en !
La jeune fille *[à Artaban]* – Merci pour ce que tu as fait pour moi, que le Seigneur te bénisse !

[Reprenant leur chemin, Artaban et Fiérot arrivent devant Jésus en croix.]
Fiérot – Mais, Artaban, c'était ta dernière perle. Que vas-tu offrir à l'enfant-roi ?
Artaban – Tu as raison, Fiérot. J'avais trois pièces pour le roi qui est né, il y a longtemps, à Bethléem. Je n'ai plus rien à lui offrir désormais.
Jésus *[du haut de sa croix]* – Artaban ! Tes cadeaux, je les ai reçus. Chaque fois que tu as secouru l'un de ces plus petits de mes frères, tu me les as offerts.
[Tout le monde peut chanter La marche des rois, p. 72]

Fin

Dessin : © Robin

[RENDRE GRÂCE]

Le Christ apparaît sur la route d'Emmaüs (détail) Cathédrale de Sienne, 1308-1311, Duccio di Buoninsegna (1255-1319). Photo : © DeAgostini / Getty Images

Je relis mon année 2023

En cette fin d'année, prenons de la hauteur ! Découvrons en Dieu un compagnon de voyage toujours présent pour nous, comme il le fut pour les disciples d'Emmaüs quand il marcha à leurs côtés.

Texte : Karem Bustica

Qu'est-ce qu'une relecture ?

Ni introspection, ni bilan, ni jugement, une relecture consiste en un moment d'échange avec Dieu pour reconnaître sa présence dans nos existences. Cette prière nous aide à identifier, à accueillir et à remercier Dieu pour la vie dont il nous a fait cadeau.
Voici un exemple de relecture d'une année. Seul ou à plusieurs, commencez par la prière, puis laissez-vous guider par les questions. Nous vous recommandons de lire et de prier le récit de Luc 24, 13-35.
Vous pouvez prendre quelques notes. Terminez par la prière de remerciement.

Prière avant de commencer

Seigneur, Dieu de la joie,
ouvre mon cœur et mon intelligence
à ta présence et fais-moi la grâce
de regarder ces derniers mois avec
tes propres yeux, par Jésus, le Christ,
notre Seigneur, amen.

© Gaëtan Évrard

DEUX DISCIPLES DÉCOURAGÉS RETOURNENT VERS EMMAÜS *(Luc 24, 13-14)*

Alors qu'ils avaient mis toutes leurs espérances en Jésus, les deux disciples reviennent tristes et déçus de Jérusalem. Le chemin de retour est l'occasion de se rappeler les derniers événements. Cette route a quelque chose d'un deuil.

Et pour moi, par quelles morts cette année a-t-elle été traversée ? Quels deuils ai-je dû faire ? Quels renoncements ai-je décidé de vivre ?

JÉSUS S'APPROCHE ET MARCHE AVEC LES DISCIPLES *(Luc 24, 15)*

Les disciples sont rejoints par un homme inconnu. Il se met à leur pas, à leur écoute. Il dialogue avec eux. Nombreux sont les passages de l'Écriture qui montrent comment Dieu vient à notre rencontre. Les étrangers de passage à Mambré auprès d'Abraham *(Genèse 18, 1-16)* en sont un exemple.
Quelles rencontres m'ont donné le sentiment d'être rejoint ? Et à mon tour, qui ai-je rencontré ? Au pas de qui me suis-je mis ? Avec qui suis-je entré en dialogue ?

LES DISCIPLES NE RECONNAISSENT PAS JÉSUS *(Luc 24, 16)*

Les disciples ne reconnaissent pas Jésus dans l'homme qui les rejoint. Ils sont aveuglés. Plusieurs fois, l'Écriture fait état de cette cécité. Par exemple, après le songe dans lequel Jacob a vu l'échelle qui unit la terre au ciel, il dit : « En vérité, le Seigneur est en ce lieu ! Et moi, je ne le savais pas » *(Genèse 28, 16)*.
M'est-il déjà arrivé de découvrir en moi cet aveuglement ? Comment m'y suis-je pris pour en sortir ? Quelles nouvelles occasions de rendre grâce m'apparaissent alors ?

CŒUR LENT ET INTELLIGENCE BROUILLÉE *(Luc 24, 25)*

Jésus réprimande les deux disciples. Non seulement il pointe leur manque d'intelligence, mais encore leur manque d'espérance. Seul Jésus ressuscité peut ouvrir au sens spirituel des réalités du monde.

Comment ai-je pris soin de cultiver ma vie spirituelle ?
Qu'est-ce qui m'a aidé à grandir dans la foi ?
Où ai-je trouvé de la nourriture pour mon âme ?

© Gaëtan Évrard

Coloriage
Quand colorier devient prière...

JÉSUS INTERPRÈTE L'ÉCRITURE *(Luc 24, 27)*

À travers l'Écriture, Jésus révèle le visage de Dieu. Après la résurrection de Jésus, toute la Bible devient parole de Dieu. Désormais, lorsque nous lisons l'Écriture, nous reconnaissons le Christ nous parlant.

Quelle rencontre, lecture, formation, homélie... m'a permis d'approfondir la parole de Dieu ?
Quelle place tient-elle dans ma prière ?
Quel est mon verset préféré et celui qui évoque au mieux le vécu de l'année ?

JÉSUS PARTAGE LE PAIN *(Luc 24, 30)*

Cela se passe à table. Jésus prend le pain, le bénit, le rompt et le leur donne. Est-ce qu'ils mangent ensemble ? Nos disciples semblent trop pressés de retrouver la communauté de Jérusalem.

Qu'est-ce qui me touche devant cette table ? Quand ai-je eu le sentiment de me trouver « à table » avec Jésus et avec des frères et des sœurs ? Comment ai-je contribué, à ma mesure, à rendre l'Église plus fraternelle ?

Prière après la relecture

**Merci, Dieu de la joie, pour cette année 2023.
Tu es venu me rejoindre sur ma route
alors que je marchais avec mes espérances,
mes aveuglements et mon cœur qui t'attendait.
Donne-moi la joie d'expérimenter
un cœur brûlant de ta présence, dans la prière,
l'eucharistie et la vie fraternelle, amen.**

Un chant de Noël bourguignon du XVIIIe siècle.

Pour écouter ce chant, rendez-vous en page 83.

Guillot, prends ton tambourin

COUPLETS

1. Guil - lot, prends ton tam - bou - rin, toi prends ta flû - te, Ro - bin,
2. C'é - tait la mode au - tre - fois, de lou - er le Roi des rois,
3. Pour ce grand é - vè - ne - ment, ren - dons grâce au ciel clé - ment,
4. Soy - ons donc tous plus d'ac - cord, que la flûte et le tam - bour,

1. Guil - lot, prends ton tam - bou - rin, toi prends ta flû - te, Ro - bin.
2. c'é - tait la mode au - tre - fois, de lou - er le Roi des rois.
3. pour ce grand é - vè - ne - ment, ren - dons grâce au ciel clé - ment.
4. soy - ons donc tous plus d'ac - cord, que la flûte et le tam - bour.

REFRAIN

AU SON DE NOS INS - TRU - MENTS, TU - RE - LU - RE - LU - RE, PA - TA - PA - TA - PAN,

AU SON DE NOS INS - TRU - MENTS, NOUS DI - RONS NO - ËL GAIE - MENT. MENT.

L'Annonciation, Andrea del Sarto, 1528. Galerie Palatine, Florence (Italie).

« À cette parole, elle fut toute bouleversée »

Luc 1, 29

L'Évangile du quatrième dimanche de l'Avent

LIRE

ÉVANGILE DE JÉSUS CHRIST SELON SAINT LUC 1, 26-38

« À cette parole, elle fut toute bouleversée »

En ce temps-là, l'ange Gabriel fut envoyé par Dieu dans une ville de Galilée, appelée Nazareth, à une jeune fille vierge, accordée en mariage à un homme de la maison de David, appelé Joseph; et le nom de la jeune fille était Marie.

L'ange entra chez elle et dit : « Je te salue, Comblée-de-grâce, le Seigneur est avec toi. » À cette parole, elle fut toute bouleversée, et elle se demandait ce que pouvait signifier cette salutation. L'ange lui dit alors : « Sois sans crainte, Marie, car tu as trouvé grâce auprès de Dieu. Voici que tu vas concevoir et enfanter un fils; tu lui donneras le nom de Jésus. Il sera grand, il sera appelé Fils du Très-Haut; le Seigneur Dieu lui donnera le trône de David son père; il régnera pour toujours sur la maison de Jacob, et son règne n'aura pas de fin. » Marie dit à l'ange : « Comment cela va-t-il se faire, puisque je ne connais pas d'homme ? » L'ange lui répondit : « L'Esprit Saint viendra sur toi, et la puissance du Très-Haut te prendra sous son ombre; c'est pourquoi celui qui va naître sera saint, il sera appelé Fils de Dieu. Or voici que, dans sa vieillesse, Élisabeth, ta parente, a conçu, elle aussi, un fils et en est à son sixième mois, alors qu'on l'appelait la femme stérile. Car rien n'est impossible à Dieu. » Marie dit alors : « Voici la servante du Seigneur; que tout m'advienne selon ta parole. »
Alors l'ange la quitta.

L'ÉTOILE DE L'AVENT

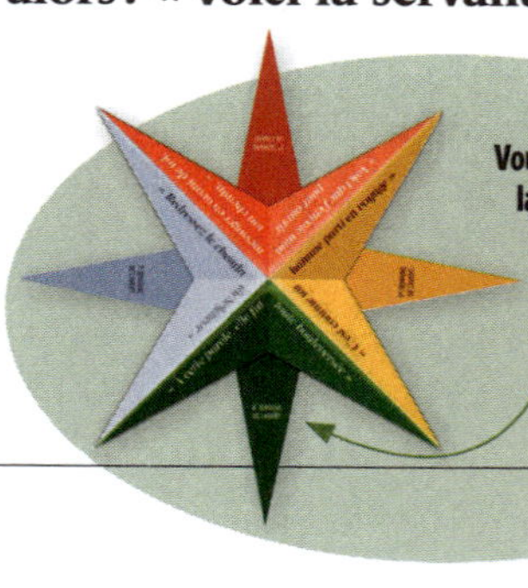

Vous pouvez méditer la phrase inscrite sur la quatrième branche de l'étoile de l'Avent.

VOIR PAGE 82

APPROFONDIR

Au commencement, le « oui »

L'Annonciation constitue un instant de doute et de choix, de prise de risque, un moment de liberté. Avec Marie, la rencontre avec Dieu est offerte à chacune et à chacun.

LE TEMPS DE LA PRÉPARATION

« *Même la ténèbre pour toi n'est pas ténèbre, et la nuit comme le jour est lumière !* » (Psaume 138, 12)

LE TEMPS DE L'OBSERVATION

Luc aurait pu débuter son évangile à la naissance de Jésus, au commencement de son âge adulte ou de sa vie publique. Mais l'évangéliste fait un autre choix. Il raconte l'instant de l'origine. Ce moment où les choses se décident, où le risque se prend, ce choix qui fait basculer l'ensemble d'une vie. Très rapidement ensuite il y a aura la visite à Élisabeth, la naissance, la découverte de la personnalité de Jésus puis les premiers moments de sa vie publique. Luc cherche à capter l'instant de l'origine, ce moment où Marie dit « oui » à une situation qui va bouleverser sa vie, celle de ses proches et aura un impact retentissant sur l'histoire humaine. Ce « oui » est donc un moment fondateur. Il est prononcé par une jeune fille qui se demande ce qui lui arrive, alors qu'elle ne s'y attend pas. Ce « oui » à Dieu, ce « oui » à une vie différente, elle le dit avec toute la liberté qui est la sienne dans ce moment de rencontre.

LE TEMPS DE LA MÉDITATION

Luc ouvre une précieuse fenêtre sur la façon dont notre existence se construit. L'incarnation n'arrive pas par hasard dans le monde. Elle se fait au cours d'une longue histoire, où le peuple hébreu se laisse travailler par sa relation à Dieu, où chacun dans le peuple est en charge de creuser cette relation personnelle à Dieu. Marie est un maillon de cette histoire qui se réalise grâce à la participation des personnes concernées. Ce texte est donc plus qu'une introduction ou un avant-propos. Il donne la clé de ce qui fait notre propre histoire. La rencontre avec Dieu est offerte à chacune et à chacun. Pour nous, la discussion ne se fait pas avec un ange mais dans la rencontre avec notre conscience, un proche, un événement. Noël permet de mesurer la chance infinie que nous avons de pouvoir dire « oui » ou « non », de participer à l'existence à la mesure de notre volonté, d'être libres.

LE TEMPS DE LA PRIÈRE

« *Je reconnais devant toi le prodige, l'être étonnant que je suis : étonnantes sont tes œuvres toute mon âme le sait.* » (Psaume 138, 14)

Marie-Laure Durand, bibliste

VOYAGES

Prier

Matin, midi, soir ou de nuit… quel est mon moment favori pour prier ? À vrai dire, peu importe l'instant, à chaque prière, ce doux murmure de l'âme, mon horizon s'élargit, la paix grandit, l'amour me transporte avec mes compagnons de route vers Dieu qui m'attend au bout du voyage.

« Jésus dit : "Moi, je suis le Chemin, la Vérité et la Vie; personne ne va vers le Père sans passer par moi." »

(Jean 14, 6)

© Unsplash

Nadiia, Diana et la famille Mahé

Deux familles et un piano

Lorsque la guerre a éclaté en Ukraine, Nadiia et Diana Stognushenko ont dû fuir Kostiantynivka, dans l'est du pays. Mère et fille ont été accueillies à Viroflay (78) par la famille Mahé. La rencontre entre les deux familles s'est faite autour du piano de la virtuose Diana.

26 février 2022. Diana ne fête pas son treizième anniversaire. Deux jours auparavant, la Russie a envahi l'Ukraine. Diana et Nadiia, sa maman, regroupent les affaires d'une vie dans deux valises et fuient, direction l'ouest. Une brillante carrière musicale est promise à l'adolescente. Pour poursuivre ce rêve, elles laissent derrière elles le grand frère et le père de Diana.

À 1500 kilomètres de là, à Viroflay (78), la famille Mahé envisage d'accueillir des réfugiés ukrainiens. « Pour nous, c'était logique de faire quelque chose », explique la maman. Céline et Frédéric, les parents, Magdeleine, Marie et Jean, les enfants, sont mis en contact avec Nadiia et Diana. « Pendant notre conversation, Nadiia se montrait soucieuse d'avoir un piano pour sa fille et, si possible, un bon piano », raconte Céline. À Viroflay, c'est le branle-bas de combat : il faut récupérer des draps, des matelas, des sommiers… et déménager la maison. Céline et Frédéric vont laisser leur chambre à la mère et sa fille.

24 mars 2022. Direction gare de l'Est pour Frédéric et Céline Mahé. Ils viennent accueillir Nadiia et Diana. Pour l'occasion, Françoise, la maman de Frédéric, qui a étudié le russe dans son enfance, les accompagne. « Nous étions contents, se souvient Céline, mais le début était laborieux dans le Transilien. Nadiia et Diana avaient de gros manteaux d'hiver alors que chez nous, tout le monde était déjà en tee-shirt. » C'est la première semaine où il fait chaud à Paris. Arrivée à Viroflay, Diana dort douze heures d'affilée.

L'arrivée des deux réfugiées bouleverse le quotidien de la famille Mahé. « Cela a changé nos habitudes : la nourriture, •••

[RENCONTRER]

Nadiia et sa fille Diana.

Une brillante carrière de pianiste est promise à Diana, qui pratique plusieurs heures par jour. Chaque soir, après les cours, elle s'assied derrière son instrument.

••• l'agencement de la maison... Nous avons dû repenser toute notre organisation», se souvient Céline. Les courses ne se calculent plus pour cinq personnes mais pour sept. Il faut veiller quotidiennement au bien-être des invitées. Céline et Frédéric dorment dans le cabinet de musique, sur un canapé-lit à côté du... piano. Le couple replie le lit tous les matins, Diana répétant ses gammes plusieurs heures par jour. «Nous voulions les accueillir comme nous aurions aimé qu'on nous accueille», témoigne Céline.

Avril 2022. Tous les matins, Diana retrouve dix autres enfants ukrainiens pour apprendre le français. Et chaque soir, quand elle rentre de cours, elle s'assied derrière son piano. Elle s'entraîne sans relâche. Entre deux leçons de français, Nadiia se rend aux Restos du cœur pour participer, à sa manière, au plein de courses familial. Et, plusieurs fois par semaine, la maman ukrainienne prépare le dîner. «Elle veillait même à ce que je mange chaud en rentrant du foot», se remémore Jean, le cadet, épaté. Impressionnée par l'adaptabilité des deux Ukrainiennes, Céline raconte: «Dès les premiers jours, Nadiia et Diana nous ont demandé nos horaires. On prenait tous nos repas ensemble.» Une enceinte trône au milieu de la table de la cuisine, pour traduire les propos des deux côtés. La cohabitation se met en place. Nadiia veut travailler. Avec Françoise, la grand-mère, elle apprend le français et, avec Céline, elle fait face à l'administration pour avoir tous les papiers en règle.

Fin mai 2022. Certains moments comptent particulièrement, comme ce soir dont Céline se souvient avec émotion. «Il était aux alentours de 23 heures. Nous allions nous coucher quand une camionnette blanche se gare devant la maison.» Le conducteur est un véritable Père Noël qui apporte aux Ukrainiens de France des affaires personnelles. Il arrive d'Ukraine et vient remettre à Diana et Nadiia de nombreuses affaires venues directement de chez elles, dont... le piano électronique de l'adolescente. Diana est folle de joie et s'empresse d'installer un drapeau ukrainien sur son piano.

24 juin 2022. Diana participe à un gala de musique classique pour la paix et en soutien au peuple ukrainien à l'église de la Madeleine, à Paris. Les Mahé ont fait le déplacement pour l'occasion. L'adolescente multiplie •••

Nadiia et Diana se sont adaptées aux horaires de la famille Mahé pour prendre les repas ensemble.

Céline et Frédéric sont très attentifs au bien-être de leurs deux invitées, qui partagent les activités familiales.

••• les concerts: à l'église de Viroflay, à Maisons-Laffitte, chez des paroissiens qui ouvrent leur maison, souvent au profit des Ukrainiens... Au mois de juillet, elle participera même à l'émission « Prodiges », sur France 2.

Septembre 2022. Nadiia fait des ménages et Diana entre en quatrième section musique, dans le même collège que Magdeleine. Jeux de société, promenades, anniversaires... Au fil des mois, les deux familles se créent des souvenirs. Nadiia coiffe Magdeleine de « magnifiques tresses africaines », raconte l'aînée. Le *bortsch*, bouillon populaire ukrainien, devient un plat habituel chez les Mahé. Et, après le repas, Nadiia provoque un fou rire général en trempant son fromage dans son café. Dans les albums photos de la famille Mahé, Nadiia et Diana ont toute leur place.

25 décembre 2022. Noël 2022 est inoubliable pour Nadiia et Diana. Les deux familles célèbrent ensemble la naissance de Jésus et s'offrent des cadeaux. « J'aime beaucoup cette fête pleine d'espérance », confie Nadiia. Malgré les épreuves, elle n'a « jamais perdu la foi ». Noël est l'occasion pour elles de prier pour leurs proches restés en Ukraine. Elles savent qu'elles ne les retrouveront pas tout de suite. Mais Noël est aussi l'occasion « de rendre grâce pour tout ce que nous avons reçu, pour toutes ces belles et bonnes choses que Dieu nous offre ».

17 mars 2023. L'entraide a joué à plein : grâce à la paroisse qui s'est portée garante, Nadiia et Diana emménagent dans un appartement donnant sur un jardinet, au rez-de-chaussée d'un petit immeuble. Au fond du salon aux teintes bleues, sur une bibliothèque trônent les nombreuses médailles et coupes de Diana. Chaque soir, depuis les fenêtres du petit appartement, les notes de piano s'envolent, à peine perturbées par les sonneries du téléphone. Les messages se multiplient dans le groupe WhatsApp qui réunit les sept membres de, selon les mots de Nadiia, cette « véritable famille ». ■

Anne-Quitterie Jozeau

POUR ALLER PLUS LOIN

Comment est-ce que j'accueille l'autre dans mon environnement ?
Peut-il m'arriver d'être dérangé lorsque je rencontre quelqu'un ?
Quels sont les fruits que je recueille de ce dérangement ?
Que m'évoquent l'espérance et l'action de grâce de Nadiia et Diana ?

Les deux familles se créent des souvenirs. Ci-œssous, dans le nouvel appartement de Nadiia et Diana, les récompenses de la jeune fille.

© Éléonore Henry de Frahan / Collectif Argos

[PARTAGER]

La bûche de Noël aux six épices

Avec cette bûche pour le repas de Noël, offrez un voyage tout en saveurs gourmandes à vos convives.

À réaliser la veille

POUR 8-10 PERSONNES – PRÉPARATION 1 HEURE, CUISSON 50 MIN

IL VOUS FAUT

- ★ 1 moule à cake.
- ★ 220 g de farine.
- ★ 150 g de sucre.
- ★ 150 g de vergeoise blonde.
- ★ 220 g d'huile d'olive.
- ★ 3 œufs.
- ★ 120 g de noix de pécan.
- ★ 300 g de carottes.
- ★ 80 g de raisin blond.
- ★ 2 c. à café de levure chimique.
- ★ 1 c. à café de bicarbonate de soude.
- ★ 1 c. à café de vanille liquide.
- ★ 2 c. à café de cannelle en poudre.
- ★ 1 c. à café de « 4 épices ».
- ★ 1 c. à café de gingembre en poudre.
- ★ 1/2 c. à café de sel.

Pour le glaçage

- ★ 200 g de beurre.
- ★ 280 g de mascarpone et 200 g de fromage frais type *Saint-Moret.*
- ★ 250 g de sucre glace.
- ★ 1 c. à café de vanille.

1. Préchauffez le four à 180° C.
2. Mélangez dans un grand bol les épices, le bicarbonate, la levure, le sel, la farine, le sucre et la vergeoise.
3. Ajoutez en mélangeant bien les œufs, la vanille et l'huile.
4. Ajoutez les raisins et les noix de pécan concassés puis les carottes finement râpées.
5. Faites cuire dans le moule beurré à 180° C (50 minutes).
6. Démoulez sans attendre et enveloppez la bûche dans un torchon. Laissez refroidir.
7. Pour le glaçage : mélangez le sucre glace, le beurre (mou) et la vanille, puis le mélange mascarpone et fromage frais.
8. Coupez la bûche en deux dans l'horizontale.
9. Garnissez de glaçage. Réunissez les deux parties et couvrez toute la bûche avec le reste du glaçage.
10. Faites des marques avec une fourchette et décorez-la !*

*Astuce

Décorez votre bûche, en piquant dessus des petits sapins et animaux en plastique, des mini-pommes de pin et parsemez de petites décorations en sucre.

Le sapin meringué pour décorer la bûche

IL VOUS FAUT

★ 1 poche à douille étoilée.
★ 90 g de blancs d'œufs*.
★ 90 g de sucre en poudre.
★ 90 g de sucre glace.
★ Colorant vert.
★ Décors sucrés.

*environ 3 œufs

1. Préchauffez le four à 100° C. **2.** Battez les œufs en neige. **3.** Quand ils ont doublé de volume, ajoutez petit à petit les deux sucres mélangés et continuez de battre. **4.** Incorporez le colorant et battez quelques minutes encore. **5.** Mettez la préparation dans la poche à douille. **6.** Dressez les meringues sur une plaque garnie de papier sulfurisé, en faisant un tourbillon tout en montant pour donner la forme de sapin (ou enchaîner 3 légères pressions). **7.** Saupoudrez de décorations sucrées. **8.** Enfournez 1 h 30 à 100° C. Faites sécher quelques heures.

Stylisme : Béatrice Basteau. Photo : Corinne Simon - AdobeStock

[CHANTER]

Un des airs de Noël les plus populaires sur les trois grands Rois.

Pour écouter ce chant, rendez-vous page 83.

La marche des Rois

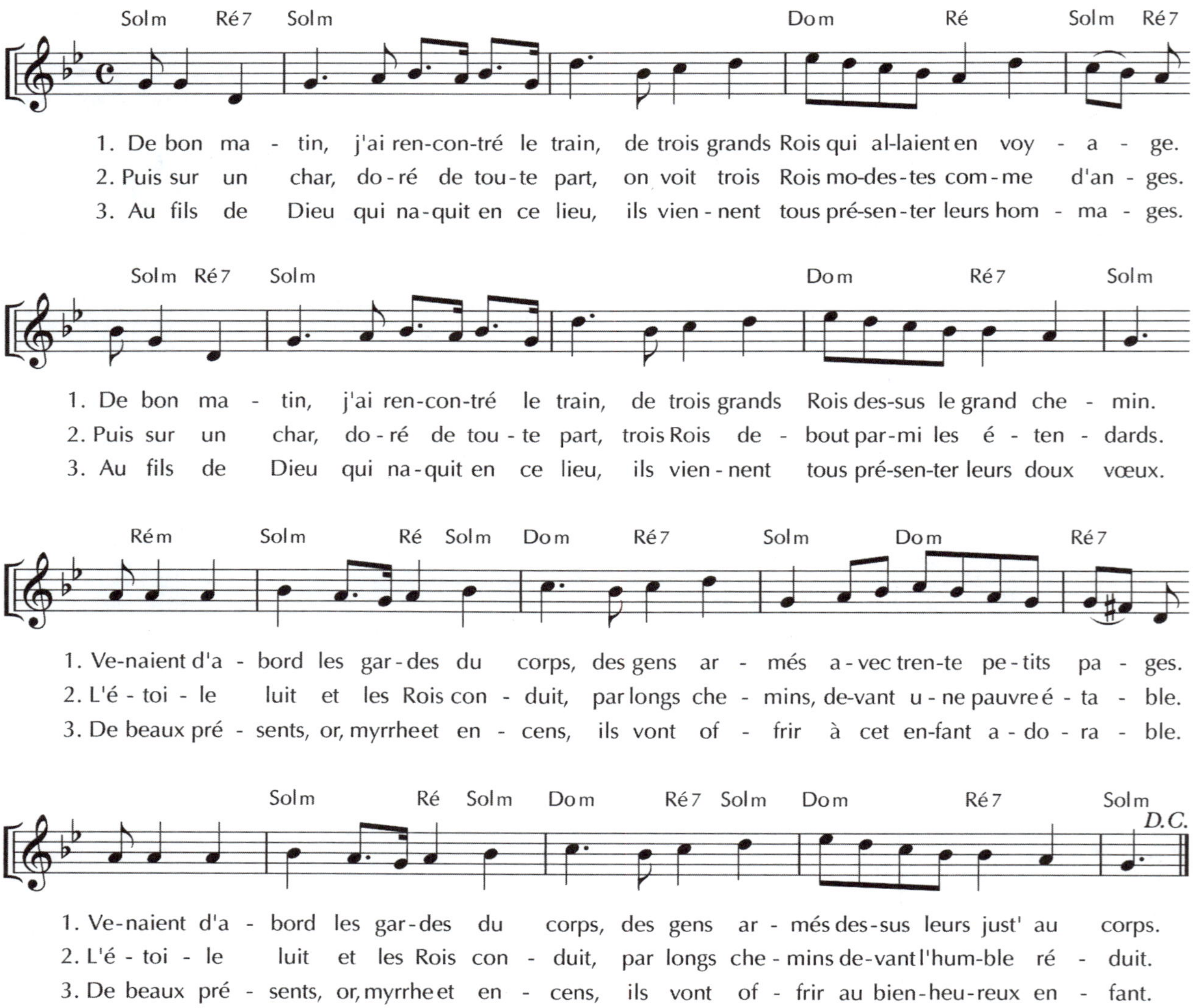

Texte : Joseph-François Domergue (XVIIIe). Musique : Jean-Baptiste Lully. DP.

Dessin : © Robin

« Vous trouverez un nouveau-né emmailloté et couché dans une mangeoire »

Luc 2, 12

© Jonathan Borba/Unsplash

L'Évangile de la Nativité du Seigneur

LIRE

ÉVANGILE DE JÉSUS CHRIST SELON SAINT LUC 2, 1-14

« Vous trouverez un nouveau-né emmailloté et couché dans une mangeoire »

En ces jours-là, parut un édit de l'empereur Auguste, ordonnant de recenser toute la terre – ce premier recensement eut lieu lorsque Quirinius était gouverneur de Syrie. Et tous allaient se faire recenser, chacun dans sa ville d'origine. Joseph, lui aussi, monta de Galilée, depuis la ville de Nazareth, vers la Judée, jusqu'à la ville de David appelée Bethléem. Il était en effet de la maison et de la lignée de David. Il venait se faire recenser avec Marie, qui lui avait été accordée en mariage et qui était enceinte.

Or, pendant qu'ils étaient là, le temps où elle devait enfanter fut accompli. Et elle mit au monde son fils premier-né; elle l'emmaillota et le coucha dans une mangeoire, car il n'y avait pas de place pour eux dans la salle commune. Dans la même région, il y avait des bergers qui vivaient dehors et passaient la nuit dans les champs pour garder leurs troupeaux. L'ange du Seigneur se présenta devant eux, et la gloire du Seigneur les enveloppa de sa lumière. Ils furent saisis d'une grande crainte. Alors l'ange leur dit : « Ne craignez pas, car voici que je vous annonce une bonne nouvelle, qui sera une grande joie pour tout le peuple : Aujourd'hui, dans la ville de David, vous est né un Sauveur qui est le Christ, le Seigneur. Et voici le signe qui vous est donné : vous trouverez un nouveau-né emmailloté et couché dans une mangeoire. » Et soudain, il y eut avec l'ange une troupe céleste innombrable, qui louait Dieu en disant : « Gloire à Dieu au plus haut des cieux, et paix sur la terre aux hommes, qu'Il aime. »

Le trésor caché

La Nativité est un événement nocturne, silencieux, caché et pourtant éblouissant de lumière. L'amour de Dieu est tel ce trésor caché qui ne demande que nos yeux pour être découvert.

LE TEMPS DE LA PRÉPARATION

« *Allons à sa rencontre; allons à Bethléem dans la joie et l'âme en fête.*
Le Seigneur vient. » (Liturgie byzantine)

LE TEMPS DE L'OBSERVATION

La naissance du Sauveur, le Messie, le Seigneur est un événement qui se passe de nuit. Une notation porteuse de sens. Selon le Targum (traduction araméenne glosée du texte biblique) du livre de l'Exode (Ex 12, 42), tous les grands épisodes de l'histoire adviennent de nuit: la Création, la ligature d'Isaac, la sortie d'Égypte et l'avènement du Messie. Le père apostolique Ignace d'Antioche souligne, dans sa *Lettre aux Éphésiens* (18, 2), que l'enfantement du Christ fait partie des mystères accomplis dans le « silence de Dieu » et cachés au prince de ce monde. La manifestation aux bergers qui se retrouvèrent enveloppés de lumière n'en est que plus saisissante. Voilà qui pose un sceau sur la vie de Jésus, « astre d'en haut [qui vient] pour illuminer ceux qui habitent dans les ténèbres et l'ombre de la mort » (Lc 1, 78-79). Mais la nuit symbolise aussi le temps des germinations, du repos qui permet à la vie de se régénérer et, plus encore, le mystère. Car le Christ débordera toujours nos attentes, déroutera toujours nos savoirs.

LE TEMPS DE LA MÉDITATION

« Trésor caché » dans le champ de notre humanité, Jésus se donne à trouver aux bergers en leur veille et leur garde, à ces hommes qui embrassent simplement le réel qui leur échoit. Une invitation à habiter notre humanité pour y rencontrer celui qui, « ayant la condition divine, ne retint pas jalousement le rang qui l'égalait à Dieu, mais s'anéantit lui-même » (cf. Ph 2, 6-7). Une réalité qui bouleverse nos représentations d'un Dieu tout-puissant et nos velléités de l'imposer autour de nous. L'humilité de Dieu appelle la nôtre. Son amour jusqu'au don de sa vie – suggéré par les langes évocateurs du suaire et la mangeoire car il se donnera en nourriture – appelle notre réponse. Et celle-ci passe par la quête de ce trésor caché à nos yeux, trop avides de voir et de dominer. Alors demandons à Dieu de nous illuminer comme les bergers, et de nous faire don de cette simplicité qui permet de s'ajuster à l'inattendu.

LE TEMPS DE LA PRIÈRE

« *Aujourd'hui, un Sauveur nous est né : c'est le Christ, le Seigneur.* »
(cf. Lc 2, 11)

Emmanuelle Billoteau, ermite

VOYAGES

Pèleriner

« J'irai prier pour toi à Lourdes ! », me promettait ma grand-mère. Elle partait de sa maison pour aller prier, elle se faisait pèlerin. Pèleriner, c'est se perdre pour mieux se retrouver, se défaire des illusions, des attaches, pour se délivrer. Pèleriner, c'est un voyage qui transforme et élève.

« Le Seigneur dit à Abram : "Quitte ton pays, ta parenté et la maison de ton père, et va vers le pays que je te montrerai." » (Genèse 12, 1)

Prières

Joyeux Noël ! Ces prières aideront à diffuser la joie dans les cœurs et à fêter la Nativité.

À saint Joseph, dans la nuit de Noël

Au cœur de cette nuit de Noël,
un papa vit l'attente. C'est toi, Joseph.
Tu as fait confiance à Dieu et à Marie
et tu te tiens maintenant là, silencieux,
près de ta femme qui accouche.
Toi qui accueilles Jésus dans ta famille,
aide-nous à l'accueillir dans nos vies.
En cette nuit de Noël, nous t'adressons
toutes nos intentions de prière,
et spécialement celles des papas,
certains que tu les déposes au pied
de cette mangeoire où bientôt
dormira l'enfant qui t'est confié.
Amen.

Au moment de déposer l'Enfant Jésus dans la crèche

Toi, Jésus, l'Enfant de la crèche, nous te déposons
entre Marie et Joseph, entouré du bœuf,
de l'âne et de tous les santons.
En contemplant ta naissance, nous nous rappelons
ce moment où Dieu s'est fait bébé, fragile et dépendant.
Nous te prions, Enfant Jésus.
Que cette crèche soit le cœur de nos maisons
afin que nous sachions prendre soin de toi
et que ta présence illumine nos vies.
Amen.

Un bénédicité

Seigneur, nous voilà rassemblés
dans la joie de Noël.
Béni sois-tu pour ce repas.
Béni sois-tu pour chacun
autour cette table.
Béni sois-tu pour la nourriture
préparée avec amour.
Béni sois-tu pour chaque personne
qui a œuvré pour qu'elle soit
sur cette table.
Aide-nous à être
généreux envers
ceux qui sont
dans le besoin.
Amen.

À Marie, avant d'ouvrir les cadeaux

Au moment d'ouvrir les cadeaux,
nous nous tournons vers toi, Vierge Marie.
Tu as dit « oui » pour porter dans ton sein
le plus beau des présents : Jésus.
Aide-nous à nous réjouir pour ce cadeau
que tu nous apportes, comme toi-même
tu t'es réjouie quand l'ange t'a dit
que tu donnerais naissance au Sauveur.
Amen.

À l'Esprit Saint, pour écrire des vœux

Je me tourne vers toi, Esprit Saint,
au moment où je vais écrire mes vœux.
Inspire mes mots, qu'ils apportent espérance
et réconfort à ceux qui les liront,
qu'ils les encouragent à cultiver la joie,
à entretenir des relations harmonieuses
et à poursuivre leurs rêves.
Et qu'ils témoignent du merveilleux don d'amour
que tu nous offres en ces jours de Noël :
la naissance de Jesus dans notre monde.
Amen.

Textes : Frédéric Pascal. Photos : merci à thuillier-art-religieux.com

Prions en Église

Direction
Directeur de la publication : Pascal Ruffenach.
"Prions en Église" est édité par Bayard, société anonyme à Directoire et Conseil de Surveillance au capital de 16 500 000 €.
18, rue Barbès, 92128 Montrouge Cedex.
Actionnaires : Augustins de l'Assomption (93,7 % du capital), SA Saint-Loup, Association Notre-Dame de Salut.
Directoire : Pascal Ruffenach (président), Dominique Greiner, Florence Guémy et Jean-Marie Montel (directeurs généraux).
Président du Conseil de Surveillance : Hubert Chicou.
Directeur du secteur et directeur des rédactions : Jean-Pierre Denis.

Rédaction
Rédactrice en chef : Karem Bustica.
Rédacteur en chef adjoint : Frédéric Pascal.
Directrice artistique : Pomme Mignon.
Secrétaire général de la rédaction : Nicolas Crouzier.
1er secrétaire de rédaction : Jean-Baptiste Deau.
Secrétaire de rédaction : Véronique Jollé.
Rédactrice graphiste : Maryse Guittet.
Rédactrice photo : Ania Biszewska.
Rédacteurs : Sébastien Antoni, Anne-Quitterie Jozeau.
Assistante : Armelle Gabriel.
Relations lecteurs : Agnès Thépot.

Couverture : Caroline Livoye.

Marketing
Marketing éditeur et développement : Amandine Boivin.
Belgique : Bayard Presse Bénélux, Da Vincilaan, 1 1930 Zaventem. Tél. : 0800 250 38 (de Belgique, gratuit) ou 800 29 195 (du Luxembourg).
librairie-bayard.com
Suisse : Asendia Press Edigroup SA, Chemin du Château-Bloch 10, 1219 Le Lignon, Suisse.
Tél. : 00 41 22 860 84 02.
Mail : abobayard@edigroup.ch

Fabrication : Grégory Cervantes.
Impression : Factory Books & Magazines ; Avda. de la Via Láctea, 1 - 2ª Planta ; Edificio Augusta 28830 San Fernando de Henares (Madrid).

Numéro de commission paritaire : 0425 K 86471.
Numéro ISSN : 0383-8285.

Octobre 2023. Dépôt légal à parution.

© AdobeStock

IL VOUS FAUT :
★ De la colle liquide.
★ Une paire de ciseaux. ★ Une règle.
★ Un ruban ou une ficelle de 30 cm.
★ Du scotch ou une agrafeuse.

L'étoile de l'Avent

Au lieu d'une couronne de l'Avent, l'idée de cette année est de fabriquer soi-même une étoile en papier (pages ci-contre). Les branches représentent les dimanches de l'Avent.

1 Planche 1

Découpez la feuille du recto.

2

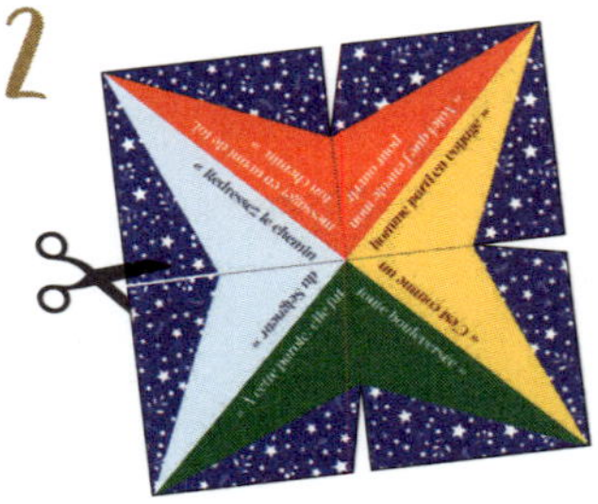

Faites une entaille avec des ciseaux sur les 4 traits blancs.

3

Pliez la feuille 4 fois, selon les pointillés.

4

Au verso de la feuille, rabattez chaque bord coupé le long des diagonales, afin de former les pointes de l'étoile.

5

Puis collez les rabats les uns sur les autres.

6

Retournez l'ensemble et vous obtenez votre première étoile.

7 Planche 2

Maintenant, découpez le verso et répétez les mêmes opérations que pour le recto.

8

Vous obtenez une autre étoile que vous allez coller à la précédente. Si vous souhaitez la suspendre, pensez à agrafer ou à scotcher, sur le verso 1 ou 2, un ruban ou une ficelle de 30 cm avant de les assembler.

9

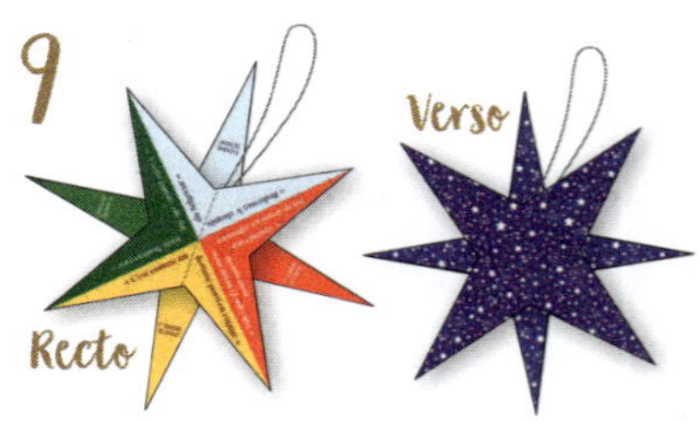

Vous n'avez plus qu'à coller sur les points de contact le recto 1 sur le verso 2, en veillant à ce que les couleurs concordent comme sur le schéma ci-dessus.

« Voici que j'envoie mon messager en avant de toi, pour ouvrir ton chemin »
« Redressez le chemin du Seigneur »
« À cette parole, elle fut toute bouleversée »
« C'est comme un homme parti en voyage »

Planche 1

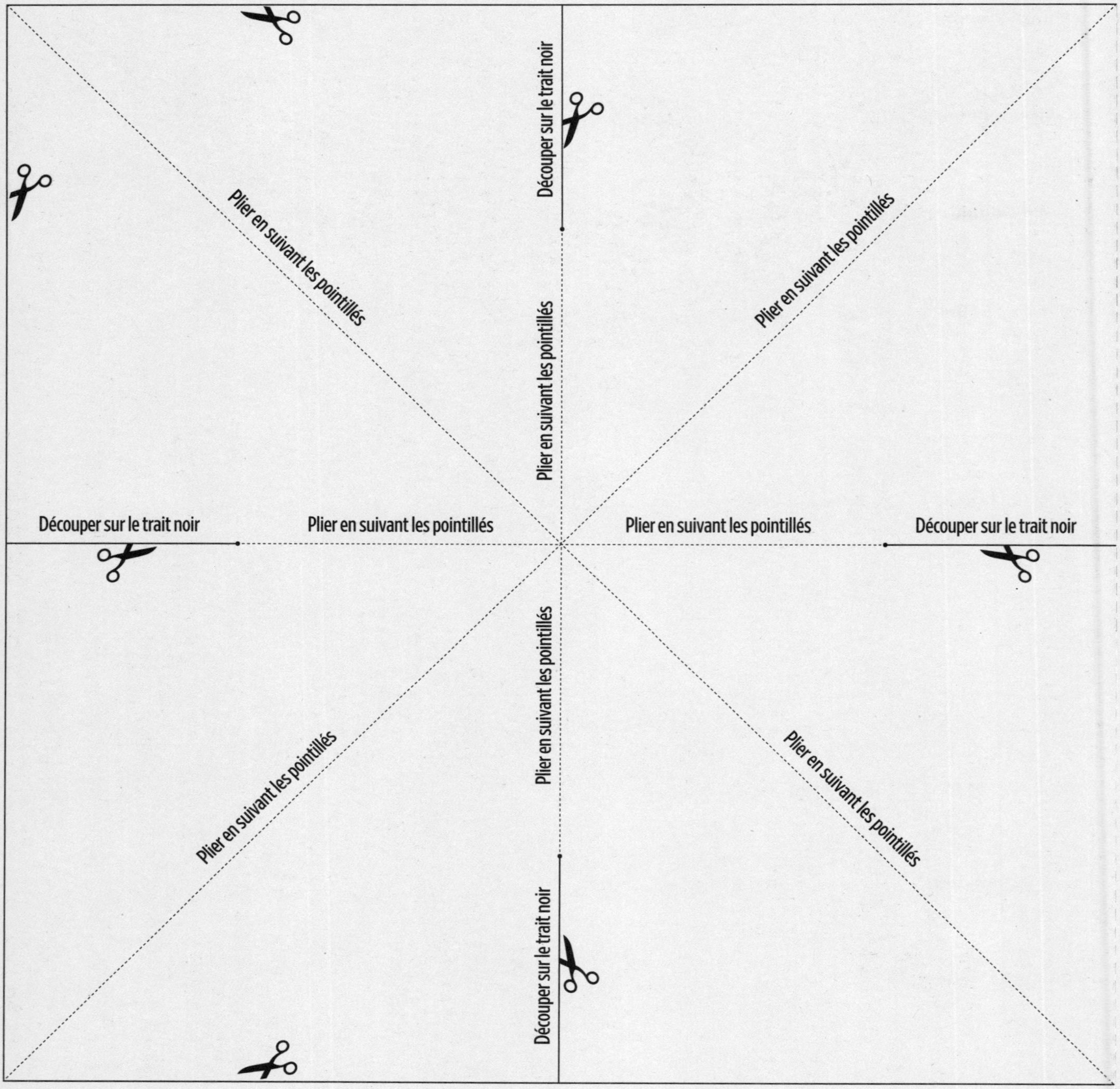
Découper sur le trait noir
Plier en suivant les pointillés
Plier en suivant les pointillés
Plier en suivant les pointillés
Découper sur le trait noir
Plier en suivant les pointillés
Plier en suivant les pointillés
Découper sur le trait noir
Plier en suivant les pointillés
Plier en suivant les pointillés
Plier en suivant les pointillés
Découper sur le trait noir

4E DIMANCHE DE L'AVENT
1ER DIMANCHE DE L'AVENT
3E DIMANCHE DE L'AVENT
2E DIMANCHE DE L'AVENT

Planche 2

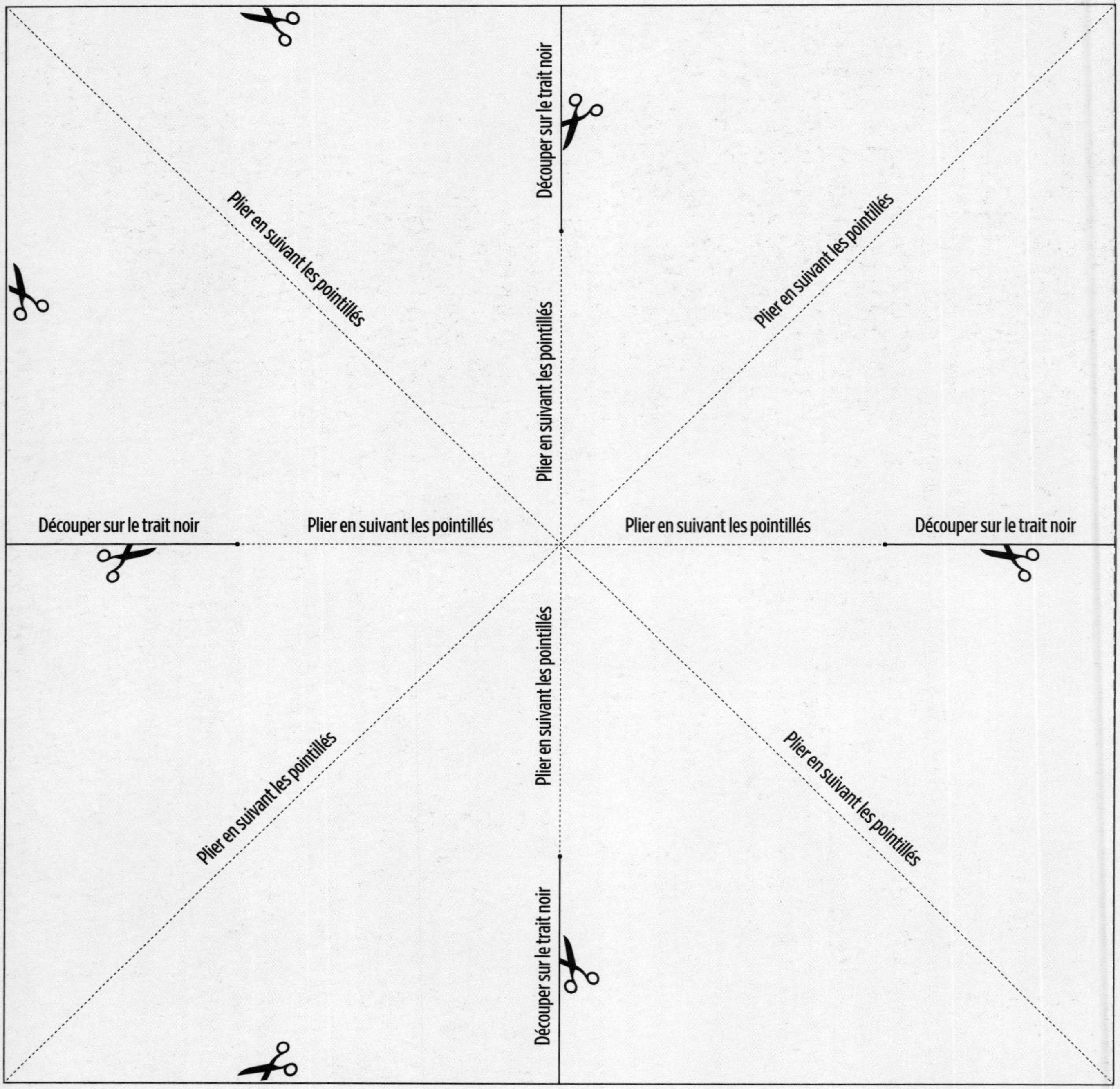
Découper sur le trait noir
Plier en suivant les pointillés
Plier en suivant les pointillés
Plier en suivant les pointillés
Découper sur le trait noir
Plier en suivant les pointillés
Plier en suivant les pointillés
Découper sur le trait noir
Plier en suivant les pointillés
Plier en suivant les pointillés
Plier en suivant les pointillés
Découper sur le trait noir

Le fond de crèche

«Et le Verbe s'est fait chair»

Jn I, 14

Prions en Église

Abraham, Sarah et Isaac
Loth et sa famille
Ésaü et Jacob
Isaïe
Ézékiel

Moïse sauvé des eaux
La sortie d'Égypte
Le veau d'or
et la rénovation
de l'Alliance
Jérémie
Élie

« Nous vous annonçons cette Bonne Nouvelle : la promesse faite à nos pères, Dieu l'a pleinement accomplie. »

Actes 13, 32-33

Dessins : © Gaëtan Évrard